Mohammad Hossain

Análise da segurança da rede WiMax

Mohammad Hossain

Análise da segurança da rede WiMax

ScienciaScripts

Imprint
Any brand names and product names mentioned in this book are subject to trademark, brand or patent protection and are trademarks or registered trademarks of their respective holders. The use of brand names, product names, common names, trade names, product descriptions etc. even without a particular marking in this work is in no way to be construed to mean that such names may be regarded as unrestricted in respect of trademark and brand protection legislation and could thus be used by anyone.

Cover image: www.ingimage.com

This book is a translation from the original published under ISBN 978-3-659-56042-2.

Publisher:
Sciencia Scripts
is a trademark of
Dodo Books Indian Ocean Ltd. and OmniScriptum S.R.L publishing group

120 High Road, East Finchley, London, N2 9ED, United Kingdom
Str. Armeneasca 28/1, office 1, Chisinau MD-2012, Republic of Moldova, Europe
Managing Directors: Ieva Konstantinova, Victoria Ursu
info@omniscriptum.com

Printed at: see last page
ISBN: 978-620-8-60977-1

ÍNDICE

Agradecimentos

Antes de mais, gostaria de manifestar a minha gratidão ao Todo-Poderoso ALLAH, o mais benéfico e o mais misericordioso.

Gostaria de agradecer ao meu pai, o Sr. Khan, à minha mãe, a Sra. Khan, e à minha mulher, Sania, por me terem dado a coragem e a força de que necessitava para completar o meu objetivo, especialmente pelo seu apoio e pela sua atitude de me fazerem sentir importante para eles e de me fazerem relaxar entre os períodos de trabalho árduo.

Gostaria de agradecer ao Sr. Md. Hamidul Islam, um estudante do KTH e um dos meus melhores amigos, pela sua assistência consultiva e apoio informativo em algumas partes cruciais do trabalho.

Um agradecimento especial ao Sr. Karel De Vogeleer pelo seu tempo importante que supervisionou para melhorar e ajudou a chegar até ao fim durante o trabalho. As palavras são insuficientes para expressar os meus agradecimentos, que me guiaram em cada passo para a conclusão desta tese.

Resumo

O WiMax é uma norma tecnológica sem fios que proporciona ligações de banda larga de elevado débito a longas distâncias. A segurança é uma das principais considerações no acesso sem fios em banda larga, especialmente quando a ela se juntam dispositivos sem fios. O Wimax/802.16 também não está isento de vulnerabilidades, ameaças, riscos ou outros ataques para fornecer serviços seguros e robustos, como as outras normas 802.11 e outras. Com uma confirmação de segurança elevada e eficaz, esta tecnologia seria mais fiável e digna de confiança. Este documento analisa todos os possíveis ataques à norma Wimax e apresenta as soluções que, até à data, surgiram separadamente. Esta investigação encontrou algumas dificuldades na segurança das transmissões 802.16 e propôs soluções para as mesmas. Além disso, foi efectuado um trabalho de simulação em dot net framework com a linguagem C# e ilustrada a justificação do resultado da investigação.

Lista de abreviaturas

AK	Authentication Key
AS	Authentication Server
AP	Access Point
ATM	Asynchronous Transfer Mode
AES	Advanced Encryption Standard
BS	Base Station
BSID	Base Stations ID
BWA	Broadband Wireless Access
CPE	Customer Premise Equipment
CS	Convergence Sublayer
CPS	Common Part Sublayer
CIDs	Connection Identifiers
CPE	Customer Premises Equipment
CMAC	Cipher-based Message Authentication Code
CTS	Clear to Send
CSMA/CA	Carrier Sense Multiple Access with Collision Avoidance
CMAC	Cipher-Based Authentication Code Wide Interoperability for
DLL	Data Link Layer Microwave Access
DL	Downlink
DES	Data Encryption Standard
DREG-CMD	Re/RE-register Command
DoS	Denial of Service
EAP	Extensible Authentication Protocol
FDD	Frequency Division Duplexing
FDMA	Frequency Division Multiple Access
HMAC	Hashed Message Authentication Code
ISO/IEC	International Organization for Standardization & the International Electrotechnical Commission
ITU	International Telecommunications Union
IP	Internet Protocol
IPTV	Internet Protocol Television
IPv4	Internet Protocol version 4
IPv6	Internet Protocol version 6
LLC	Logical Link Control
LOS	Line of Sight
MAC	Media Access Control
MD5	Message-Digest algorithm 5
NLOS	Non Line of Sight
NIST	National Institute of Standards and Technology
OFDMA	Orthogonal Frequency Division Multiple Access
OSI	Open Systems Interconnection
PKM Protocol	Key Management Protocol
PTP	Point to Point
PMP	Point to Multipoint
PDU	Protocol Data Unit
PHY Layer	Physical Layer
PKM-REQ	PKM Request
PKM-RSP	PKM Response

PHS	Payload Header Suppression
PKM	Privacy Key Management
PKMv1	Key Management Protocol version 1
PKMv2	Key Management Protocol version 2
QoS	Quality of Service
RES-CMD	Reset Command
RTS	Request to Send
SS	Subscriber Station
SSID	Subscriber Stations ID
SDU	Service Data Unit
SA	Security Association
TEK	Traffic Encryption Key
TDD	Time Division Duplexing
TDMA	Time Division Multiple Access
TDM	Time Division Multiplexing
3-DES	Triple Data Encryption Standard
UL	Uplink
VoIP	Voice over Internet Protocol
WirelessMan	Wireless Metropolitan Area Network
Wireless HUMAN	Wireless High Speed Unlicensed Metropolitan Area Network
WiMax	World Wide Interoperability for Microwave Access

Capítulo 1

Introdução

1.1 Antecedentes Históricos

WiMax *(World Wide Interoperability for Microwave Access)* é uma tecnologia de telecomunicações moderna para a transmissão de dados a alta velocidade. É referido no IEEE

802.16 e designada WiMax pelo Fórum WiMax, criado em junho de 2001. A norma IEEE 802.16, oficialmente conhecida como WirelessMAN, estabelece as radiofrequências do acesso fixo sem fios em banda larga (BWA), que funciona em qualquer parte do mundo, num espetro adequado, licenciado ou isento de licença, entre 2 e 66 GHz [2], para promover a conformidade e a interoperabilidade da norma. O Fórum descreve o WiMAX como "uma tecnologia baseada em normas que permite o fornecimento de acesso em banda larga sem fios de última milha como alternativa ao cabo e à DSL"

As redes de dados têm registado um sucesso crescente desde as últimas décadas do século XX. As redes fixas de Internet estão instaladas em muitos locais em todo o planeta e estão agora em grande expansão. A procura de acesso sem fios está agora a tornar-se mais importante para esta cobertura de rede extra grande. Não há dúvida de que, no final de meados da década de 2000, o acesso a dados sem fios de alta velocidade, ou seja, em Mb/s, estará largamente implantado em todo o mundo.

O mundo das telecomunicações irá experimentar esta nova transformação através do WiMAX, tal como é conhecido atualmente em todo o mundo. Elimina a escassez de recursos que tem sustentado os actuais fornecedores de serviços durante o último século. Permitirá uma verdadeira concorrência baseada no mercado em todos os principais serviços de telecomunicações: voz (móvel e estática), vídeo e dados, uma vez que esta tecnologia permite uma menor barreira à entrada.

O WiMAX atraiu a atenção devido à sua vasta gama de aplicações. Não se limita apenas ao acesso à Internet de banda larga, mas também à voz sobre protocolo Internet (VoIP), que deve ser adaptada devido à ampla implantação da VoIP, e a televisão por protocolo Internet (IPTV) substitui a televisão por cabo. O backhaul substitui muitas coisas, como os hotspots Wi-Fi, as torres de telemóveis, o serviço telefónico móvel, etc. Também substituiu a instalação de cabos de fibra ótica. O backhaul pode ser definido como a transmissão de dados - voz, vídeo, TV, etc. - através de circuitos de fio, fibra ótica, sem fios ou satélite, desde o seu ponto de entrada na rede até ao comutador de central ou através de múltiplas espinhas dorsais da rede para distribuição e entrega no seu destino. [17]

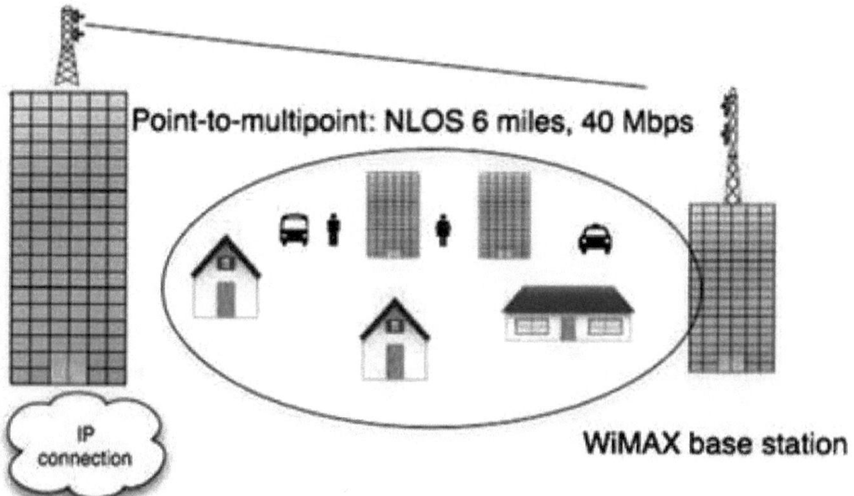

Figura 1.1: WiMAX fixo mostrando a comunicação ponto a ponto e ponto a multiponto. [1]

O WiMAX é também conhecido como equipamento nas instalações do cliente (CPE), dado que fornece um serviço fixo, portátil ou móvel sem linha de vista (LOS) de uma estação de base para uma estação de assinante. Em ponto-a-ponto, o seu alcance é de 30 milhas (50 km) com um débito de 72 Mbps, como mostra a figura 1.1. Oferece um alcance de 6 milhas sem linha de vista (NLOS) com um débito de 40 Mbps na distribuição ponto-a-multiponto.

1.2 Classificação da dificuldade

Muitas redes sem fios são baseadas em ondas de rádio e mantêm o meio de rede mais ou menos aberto à interceção. Os projectistas de protocolos estão sempre preocupados com a segurança da transmissão de rádio em qualquer rede. Durante a fase de conceção, o principal objetivo era lidar com a falta de fiabilidade intrínseca do meio sem fios, a boa mobilidade, a possibilidade de o protocolo confirmar a entrega de fotogramas em caso de mobilidade e também a poupança de energia [3]. A segurança não estava na primeira página e revelou-se inadequada em especificações anteriores, como a 802.11. A implementação da rede não era suficientemente segura para evitar a interrupção do serviço e o roubo. Os intrusos também entram em cena com vários tipos de ataques, como a interceção, a fabricação, a modificação, a interrupção, etc. O mecanismo de segurança do IEEE 802.16 centrava-se especialmente na segurança na camada MAC, que pode não ser capaz de proporcionar uma segurança adequada em cenários multihop e satisfazer as necessidades das aplicações em crescimento nas redes WiMax [4]. O documento [5] menciona que o WiMax/802.16 é vulnerável a ataques à camada física, como o empastelamento (uma fonte de ruído suficientemente forte para reduzir significativamente a capacidade do canal) e a codificação (uma espécie de empastelamento, mas durante curtos intervalos de tempo e direcionado para quadros específicos). Segundo o documento [6], na parte inferior da camada MAC, as seguranças 802.16 são implementadas como uma subcamada para defender a troca de dados entre a camada MAC e a camada PHY, mas não protegem a própria camada PHY contra os ataques que visam a fraqueza intrínseca das ligações sem fios. O documento [7] apresenta os aspectos de segurança da norma IEEE 802.16 e aponta brevemente as vulnerabilidades, ameaças e riscos de segurança associados a esta norma. [8] Examinou a camada MAC da norma

802.16 para determinar a presença de ataques de negação de serviço e também os ataques que podem ser exclusivos da norma 802.16. A segurança é realmente uma questão importante, uma vez que um pequeno maltrato ou falsificação de dados pode provocar uma grande confusão e fazer com que todo o sistema seja desativado, o que pode exigir novamente um longo período de tempo para voltar ao caminho certo.

1.3 Objetivo da tese

Se recuarmos um pouco no tempo, quando o protocolo sem fios IEEE 802.11 foi concebido, os cientistas e os fabricantes tiveram em conta as questões de segurança depois de todas as outras infra-estruturas, pelo que se tornou um dos protocolos sem fios mais vulneráveis. Durante o período de desenvolvimento da norma IEEE 802.16, pensou-se que a segurança seria implementada no interior do protocolo, mas infelizmente não o foi. Como resultado, a segurança desta norma continua a ser uma questão e foram publicados muitos artigos sobre diferentes questões de segurança. O objetivo deste trabalho de tese é descobrir todos os ataques possíveis à norma IEEE 802.16 e discutir as soluções possíveis até agora encontradas, de modo a que a nova geração de redes desta norma seja mais eficaz, segura e fiável.

1.4 Método de tese

Esta tese foi realizada segundo um método indutivo durante a realização deste trabalho. O estudo ponderado e aprofundado do problema foi efectuado de forma qualitativa. O estudo da literatura foi efectuado durante a investigação, principalmente através da Internet e do sítio Web do IEEE, onde são anunciadas as últimas notícias sobre o protocolo. Foram utilizadas versões previamente ratificadas dos RFCs da norma. Além disso, tentou-se contactar outros investigadores que estavam envolvidos na estrutura de segurança do protocolo como membros do IEEE, ou a fazer investigação sobre o WiMAX individualmente.

Capítulo 2

Arquitetura e evolução do 802.16

2.1 As camadas de protocolo do WiMAX

A norma de rede IEEE 802.16 BWA segue o modelo de sete camadas de referência de rede Open Systems Interconnection (OSI), também designado por modelo de sete camadas OSI. Os diferentes aspectos de uma tecnologia de rede são frequentemente descritos por este modelo. Começa na camada de aplicação, ou camada 7, na parte superior, e termina na camada física (PHY), ou camada 1, na parte inferior.

As funções dos diferentes protocolos são separadas numa série de camadas pelo modelo OSI; cada camada utiliza as funções da camada inferior e transfere dados para a sua camada superior. Por exemplo, o Protocolo Internet (IP) está na camada de encaminhamento ou na camada 3 e envia dados para a sua camada superior, que é a camada de transporte ou camada 4. Geralmente, as camadas superiores são implementadas em software e as camadas inferiores são implementadas em hardware.

A camada física (PHY) ou camada 1 e a camada de ligação de dados (DLL) ou camada 2 são as duas camadas mais baixas do modelo OSI. A camada de ligação de dados OSI está dividida em duas subcamadas. Estas são a camada de controlo da ligação lógica (LLC) e a camada de controlo do acesso aos meios de comunicação (MAC). A ligação física é estabelecida pela camada PHY entre duas entidades de comunicação. A camada MAC é responsável pela manutenção da ligação [9]. No WiMAX/802.16, apenas são definidas as duas primeiras camadas, como mostra a figura 2.1.

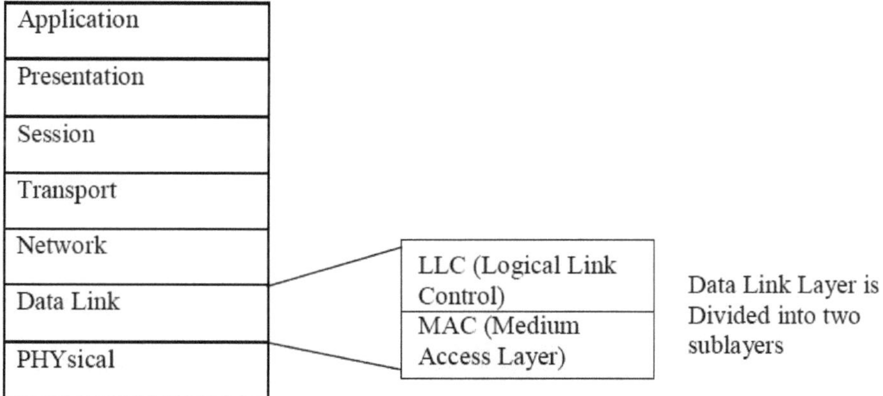

Figura 2.1 O modelo OSI de sete camadas para redes. No WiMAX/802.16, apenas são definidas as duas primeiras camadas. [9]

2.2 A camada PHYsical (PHY)

O WiMAX é um sistema de acesso sem fios de banda larga (BWA). Por conseguinte, os dados são transmitidos a alta velocidade na interface aérea através de ondas de rádio (electromagnéticas) que utilizam uma determinada frequência, ou seja, a frequência de funcionamento. A camada PHY estabelece a ligação física entre os dois lados, principalmente nas duas direcções, uplink e downlink. Uma vez que o 802.16 é obviamente uma tecnologia digital, a camada PHYsical é responsável pela transmissão das sequências de bits. Classifica o tipo de sinal utilizado, o tipo de modulação e desmodulação, a potência de transmissão e outras caraterísticas físicas. A norma 802.16 considera a banda de frequência 2-66 GHz. Esta banda está dividida em duas partes:

a. A primeira gama começa nos 2 e termina nos 11 GHz e foi concebida para transmissões NLOS. Esta era anteriormente a norma 802.16a. Atualmente, esta é a única gama incluída no WiMAX.

b. A segunda gama situa-se entre 11 e 66 GHz e foi concebida para transmissões LOS. Atualmente, não é normalmente utilizada para o WiMAX. [9]

A norma 802.16 definiu cinco interfaces físicas (PHYsical interfaces). O quadro 2.1 resume estas interfaces físicas. A norma 802.16 (e alterações) descreveu cada uma das cinco interfaces físicas em secções específicas. Dois modos principais de duplexação, a duplexação por divisão do tempo (TDD) e a duplexação por divisão da frequência (FDD), podem ser incluídos em

802.16 sistemas. O WirelessMAN-SC PHY é especificado para frequências no intervalo 10-66 GHz (LOS). Os esquemas de modulação e codificação de portadora única são a base desta norma. Suporta tanto a duplexação por divisão de frequência (FDD) como a duplexação por divisão de tempo (TDD) para separar a ligação ascendente da ligação descendente. São propostas três outras interfaces PHYsical para frequências inferiores a 11 GHz (NLOS):

❋ WirelessMAN-OFDM, conhecido como OFDM e que utiliza a transmissão OFDM. Trata-se de

Tabela 2.1: As cinco interfaces PHYsical definidas na norma 802.16. [10]

Designação	Banda de operação	Técnica de duplexação	Notas
WirelessMAN-SC	10-66 GHz	TDD, FDD	Transportador único
WirelessMAN-SCa	2-11 GHz Banda licenciada	TDD, FDD	Técnica de portadora única para NLOS
Sem fiosMAN-OFDM	2-11 GHz Banda licenciada	TDD, FDD	OFDM para funcionamento NLOS
Sem fiosMAN-	2-11 GHz	TDD, FDD	OFDM Dividido em

OFDMA	Banda licenciada		subgrupos para fornecer acesso múltiplo numa única banda de frequência.
Sem fiosHUMANO	Banda isenta de licença de 2-11 GHz	TDD	Pode ser SC, OFDM, OFDMA. Deve incluir a seleção dinâmica de frequências para atenuar as interferências.

uma das preferências mais adequadas para fornecer apoio fixo em ambiente NLOS, devido à utilização de OFDM e de outras caraterísticas, como o método de correção de erros múltiplos.

❋ WirelessMAN-OFDMA, conhecido como OFDMA e que utiliza a transmissão OFDM e o acesso múltiplo por divisão ortogonal de frequências (OFDMA), com a camada PHY OFDMA. Esta especificação PHY utiliza o acesso OFDM (OFDMA) com, pelo menos, um único suporte da transformação multiponto especificada para fornecer BWA fixo e móvel combinados. O funcionamento está limitado à banda licenciada abaixo dos 11 GHz [11].

❋ WirelessMAN-SCa conhecido como SCa e que utiliza modulações de portadora única. Também se baseia na modulação de portadora única destinada à gama de frequências de 2-11 GHz. A técnica TDMA é aplicada tanto no acesso por ligação ascendente como por ligação descendente; além disso, a TDM também é suportada na ligação descendente.

A última especificação é a WirelessHUMAN (High-speed Unlicensed Metropolitan Area Network), que se destina à banda isenta de licença abaixo dos 11 GHz. Qualquer uma das interfaces aéreas especificadas para 2-11 GHz pode ser utilizada para este fim. Esta suporta apenas TDD para duplexação [10]. O WiMAX considera apenas as camadas físicas OFDM e OFDMA da norma 802.16 [9].

2.3 A camada de controlo de acesso aos meios (MAC)

A camada MAC está dividida em três subcamadas, a CS (Subcamada de Convergência), a CPS (Subcamada de Parte Comum) e a Subcamada de Segurança. O MAC é orientado para a ligação e os identificadores de ligação de 16 bits (CID) referenciam as ligações em que a largura de banda concedida ou a largura de banda a pedido pode ser necessária continuamente. Os múltiplos canais UL e DL são distinguidos por um CID, uma vez que estão associados entre si. Os SSs verificam os CIDs nas PDUs (Protocol Data Unit) recebidas e retêm apenas as PDUs que lhes são dirigidas.

A PDU MAC é uma unidade de dados e é trocada entre as camadas MAC da BS e dos seus SSs. Esta unidade de dados é enviada no sentido descendente para a camada inferior seguinte e recebida no sentido ascendente da camada inferior anterior.

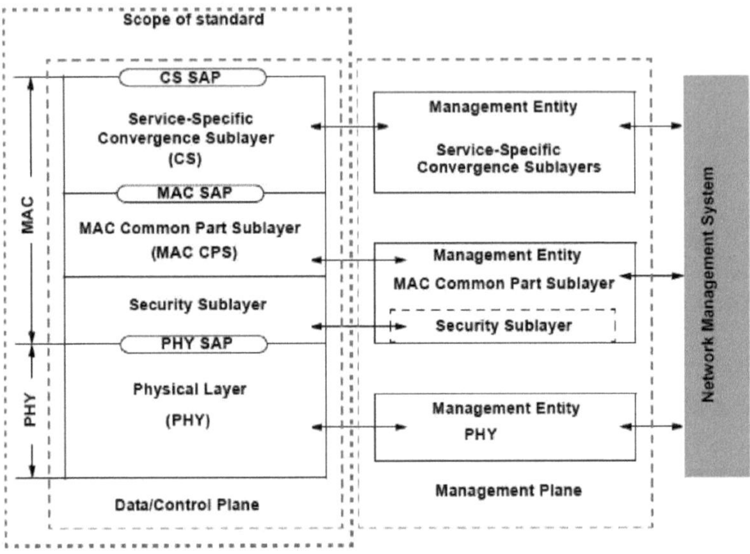

Figura 2.2 Camadas de protocolo da norma 802.16 BWA. [10]

As diferentes camadas da camada MAC e muitas das suas funções são descritas sucintamente nas secções seguintes.

2.3.1 Subcamada de convergência (CS)

A subcamada de convergência (CS) específica do serviço é também conhecida como CS e está situada acima da subcamada MAC CPS (Figura 2.2). O MAC CPS fornece serviços à CS para utilização através do ponto de acesso ao serviço MAC (SAP). A CS desempenha as seguintes funções

o Aceita PDUs de camadas superiores das camadas superiores. São fornecidos dois tipos de camadas superiores nas especificações CS a partir da versão (IEEE 802.16-2004) da norma: o CS de modo de transferência assíncrona (ATM) e o CS de pacote. Os protocolos das camadas superiores podem ser IP v4 (versão 4) ou v6 (versão 6) para o CS de pacotes.

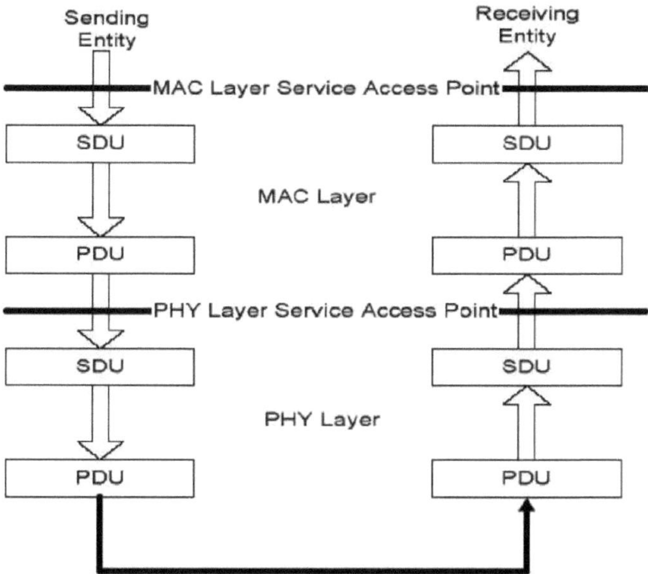

Figura: 2.3 Transferência e receção de SDUs e PDUs na entidade emissora e recetora [12].

o As MSDUs (MAC Service Data Unit) são classificadas e mapeadas em CIDs (Connection Identifier) apropriados. Este mecanismo de gestão da qualidade de serviço (QoS) é uma função básica do 802.16 BWA.

o PHS (Payload Header Suppression) é uma função opcional do CS, é um processo de supressão de partes repetitivas de cabeçalhos de carga útil no remetente e de restauração desses cabeçalhos no recetor.

o Entrega PDUs CS ao MAC SAP correto e recebe PDUs CS da entidade homóloga.

A transferência e receção de SDUs e PDUs na entidade emissora e recetora é mostrada na figura 2.3.

2.3.2 Subcamada da parte comum do controlo de acesso ao meio (MAC CPS)

A subcamada da parte comum (CPS) situa-se no meio da camada MAC. A CPS representa o centro do protocolo MAC e é responsável por:

* Atribuição de largura de banda

* Estabelecimento de ligação

* Manutenção da ligação entre as duas partes.

Um conjunto de mensagens de gestão e de transferência é definido pela norma 802.16-2004. As mensagens de gestão são trocadas entre a SS e a BS antes e durante o estabelecimento da ligação.

Quando a ligação é estabelecida, as mensagens de transferência podem ser trocadas para permitir a transmissão de dados.

O CPS recebe dados dos vários CSs, através do MAC SAP, classificados para conexões MAC específicas. A QoS é tida em conta para a transmissão e o agendamento de dados na camada PHY. O CPS inclui muitos procedimentos de diferentes tipos: construção de quadros, acesso múltiplo, pedidos e atribuição de largura de banda, programação, gestão de recursos de rádio, gestão da QoS, etc.

2.3.3 Subcamada de segurança

Existe uma subcamada de segurança separada na subcamada MAC (figura 2.2) que fornece autenticação, troca segura de chaves, cifragem e controlo da integridade em todo o sistema BWA. A encriptação e a autenticação dos dados são os dois principais tópicos da segurança de uma rede de dados. Com estes objectivos em mente, são concebidos algoritmos que devem impedir todos os ataques de segurança conhecidos, como a negação de serviço, o roubo de serviço, etc.

Na norma 802.16, é aplicado um protocolo de encriptação de dados para encriptar as ligações entre a SS e a BS, que é efectuado em ambos os sentidos. Neste protocolo, é definido um conjunto de conjuntos criptográficos suportados, tais como pares de encriptação de dados e algoritmos de autenticação.

Um protocolo de autenticação, o protocolo de gestão de chaves de privacidade (PKM), é utilizado para fornecer a distribuição segura de dados de chaveamento da BS para os Ss. A SS e a BS sincronizam os dados de chaveamento através desta troca segura de chaves devido a este protocolo de gestão de chaves. Ao acrescentar ao protocolo de gestão de chaves a autenticação da SS com base num certificado digital, os mecanismos básicos de privacidade são reforçados. Além disso, o protocolo PKM é utilizado pela BS para garantir o acesso condicional aos serviços de rede.

2.4 Evolução da família de normas IEEE 802.16

No final do século XX, muitos fabricantes de equipamento de telecomunicações começaram a desenvolver e a apresentar produtos para BWA. Mas a indústria estava a precisar de uma norma interoperável. Com essa necessidade, o National Wireless Electronics Systems Testbed (N-WEST) do U.S National Institute of Standards and Technology (NIST) convocou uma reunião para falar sobre o tema em agosto de 1998[13]. A reunião terminou com a decisão de se organizar no âmbito do IEEE 802, o que levou à formação do Grupo de Trabalho 802.16. Desde então, os membros do Grupo de Trabalho têm trabalhado muito para o desenvolvimento de normas BWA fixas e móveis. O Grupo de Trabalho 802.16 do IEEE sobre a norma BWA (Broadband Wireless Access) é responsável pelo desenvolvimento da norma 802.16 e da interface aérea WirelessMan incluída, juntamente com as normas e alterações associadas.

A norma IEEE 802.16 contém a especificação das camadas Física (PHY) e de Controlo de Acesso ao Meio (MAC) para BWA. A primeira versão do padrão IEEE 802.162001 [14] foi aprovada em dezembro de 2001 e passou por diversas alterações para se organizar com novas caraterísticas e funcionalidades. Em setembro de 2004, a versão atual da norma IEEE 802.16-2004 [15] foi aprovada e combinou todas as versões anteriores das normas. Esta norma especifica a interface aérea para sistemas BWA fixos em espetro licenciado e isento de licença [15] suportando serviços multimédia. O Grupo de Trabalho aprovou a alteração IEEE 802.16e-2005 [11] em fevereiro de 2006. A evolução da norma 802.16 é apresentada de seguida.

2.4.1 IEEE 802.16-2001

Para fornecer acesso fixo de banda larga sem fios numa topologia ponto-a-ponto (PTP) ou ponto-a-multiponto (PMP), esta edição especifica um conjunto de normas das camadas MAC e PHY [14]. A camada PHY utiliza modulação de portadora única na gama de frequências de 10-66 GHz. A estação de base (BS) atribui tempos de transmissão, durações e modulações, partilhados com todos os nós da rede sob a forma de mapas de difusão de ligação ascendente e descendente. Os assinantes ouvem apenas a estação de base a que estão ligados e não precisam de ouvir qualquer outro nó da rede. As estações de assinante (SS) têm a capacidade de negociar a atribuição de largura de banda numa base de rajada a rajada para proporcionar flexibilidade de programação.

Os esquemas de modulação utilizados nesta norma são QPSK, 16-QAM e 64-QAM. Estes podem ser alterados de quadro para quadro e de SS para SS, consoante a robustez da ligação. A norma suporta tanto o duplexação por divisão de tempo (TDD) como o duplexação por divisão de frequência (FDD).

A capacidade de fornecer qualidade de serviço (QoS) diferencial na camada MAC é uma caraterística importante do 802.16-2001. A verificação da QoS é efectuada por um ID de fluxo de serviço. Os fluxos de serviço podem ser originados pela BS ou pela SS. O 802.16-2001 funciona apenas em condições de (quase) linha de visão (LOS) com equipamentos externos nas instalações do cliente (CPE).

2.4.2 IEEE 802.16c-2002

O IEEE Standards Board aprovou a alteração IEEE 802.16c em dezembro de 2002 [13]. Os perfis de sistema detalhados para 10-66 GHz foram adicionados e alguns erros e irregularidades da primeira versão da norma foram corrigidos nesta alteração.

2.4.3 IEEE 802.16a-2003

Esta versão altera a norma IEEE 802.16-2001, modificando algumas caraterísticas. Melhora a camada de controlo do acesso ao meio para que possa suportar múltiplas especificações da camada física e fornece especificações adicionais da camada física. O grupo de trabalho IEEE 802.16 ratificou esta versão em janeiro de 2003 [16]. O suporte da camada física de 2-11 GHz foi acrescentado nesta alteração. Estão incluídas bandas licenciadas e isentas de licença. Uma vez que funciona abaixo da gama de 11 GHz, torna-se possível o funcionamento sem linha de vista (NLOS), o que alarga o alcance geográfico da rede. A propagação multipercurso torna-se um problema devido ao funcionamento NLOS. A propagação multipercurso, a atenuação das interferências, a técnica avançada de gestão da potência e os conjuntos de antenas adaptativas foram incluídos nas especificações [16]. A inclusão da multiplexagem por divisão de frequência ortogonal (OFDM) foi uma opção alternativa à modulação de portadora única. Esta versão também melhorou a questão da segurança. Algumas caraterísticas da camada de privacidade tornaram-se obrigatórias, enquanto na versão 802.16-2001 eram opcionais. A topologia em malha com PMP era um suporte opcional nesta versão do IEEE802.16a.

Tabela 2.2: Comparação do padrão IEEE 802.16 BWA [11]

	IEEE 802.16-2001	IEEE 802.16a	IEEE 802.16-2004	IEEE 802.16e-2005
Concluído	dezembro de 2001	janeiro de 2003	setembro de 2004	dezembro de 2005
Espectro	10-66 GHz	2-11 GHz	2-11 GHz	2-11 GHz
Condições de propagação/canal	LOS	NLOS	NLOS	NLOS
Taxa de bits	ATÉ 134 Mbps (canalização de 28 MHz)	ATÉ 75 Mbps (canalização de 20 MHz)	ATÉ 75 Mbps (canalização de 20 MHz)	ATÉ 15 Mbps (canalização de 5 MHz)
Modulação	QPSK, 16-QAM (opcional em UL), 64-QAM (opcional)	BPSK, QPSK, 16-QAM, 64-QAM, 256-QAM (opcional)	256 subportadoras OFDM, BPSK, QPSK, 16-QAM, 64-QAM, 256-QAM	OFDMA escalável, QPSK, 16-QAM, 64- QAM, 256-QAM (opcional)
Mobilidade	Fixo	Fixo	Fixo/Nómada	Portátil/móvel

2.4.4 IEEE 802.16-2004

As normas 802.16-2001, 802.16c-2002 e 801.16a-2003 foram integradas e foi criada uma nova norma, conhecida como 802.16-2004. No início, foi publicada como uma revisão da norma com o nome 802.16REVd, mas a norma foi reeditada com o nome 802.16-2004 em setembro de 2004. Esta é a versão da norma que é utilizada para a certificação WiMAX.

2.4.5 IEEE 802.16e e mais além

O grupo de trabalho IEEE 802.16 é bastante enérgico, com comités a trabalhar ativamente em extensões para acrescentar mobilidade, normas de conformidade e metodologias de teste. A extensão IEEE 802.16e, que adicionou suporte para estações de assinantes móveis, é ratificada durante 2005. O IEEE 802.16e foi objeto de alguns projectos de revisão. Também o IEEE 802.16f e g são as alterações que tratam do plano de gestão da rede em curso.

Capítulo 3

Segurança da norma IEEE 802.16

3.1 Avaliação da norma IEEE 802.16 relativamente a vulnerabilidades conhecidas IEEE 802.11.

Durante o período de conceção e implementação da norma IEEE 802.16, a segurança foi uma das principais questões a ter em conta. Pelo menos, tentou-se eliminar os ataques que eram extremamente populares na norma sem fios IEEE 802.11. A maioria desses ataques foi resolvida mais tarde e as soluções foram aplicadas durante a evolução da norma IEEE 802.16. Como resultado, esta norma recém-criada está livre de alguns ataques e vulnerabilidades que ainda são perigosos na rede sem fios convencional. No entanto, isto não significa que a norma IEEE 802.16 esteja totalmente isenta de problemas de segurança. Além disso, antes de descobrir as lacunas de segurança desta norma, é realmente necessário estudar todas as questões que foram resolvidas após a norma IEEE 802.11 e que ainda estão a ser consideradas. Relativamente a esta questão, este capítulo reflecte sobre os problemas de segurança que foram resolvidos na norma IEEE 802.16 após a implementação e o lançamento da norma IEEE 802.11. Para lidar com esses ataques ainda hoje, precisamos de saber brevemente como esses ataques estavam em ação no IEEE 802.11 e como foram resolvidos ou propostos na norma IEEE 802.16.

3.2 Introdução às vulnerabilidades do IEEE 802.11

A maioria das vulnerabilidades do 802.11 divide-se em duas classes [18]. São elas as vulnerabilidades de identidade e as vulnerabilidades de controlo do acesso aos meios de comunicação. Algumas vulnerabilidades bem conhecidas que pertencem a estas duas categorias são as fraquezas criptográficas, as explorações de rede e os ataques de negação de serviço.

A vulnerabilidade de identidade ocorre quando as mensagens de controlo e de informação não são devidamente autenticadas. [18] mencionou que este ataque ocorre particularmente no IEEE 802.11, uma vez que a norma confia implicitamente nos endereços de origem das mensagens. A norma não dispõe de um mecanismo robusto de autenticação do remetente na camada MAC. A estação recetora recebe a mensagem sem um processo de autenticação adequado e qualquer mensagem corretamente formatada proveniente de um endereço de origem apropriado faz-se passar por uma mensagem genuína. Assim, ao enviar mensagens MAC poderosas, o atacante toma o seu próprio lugar.

As vulnerabilidades de acesso aos meios ocorrem quando o atacante mantém o meio de transmissão ocupado para as estações vítimas. Neste caso, o atacante envia muitos pacotes curtos em rápida sucessão e todos os nós acreditam que o meio já está a ser utilizado por outro nó. Todos os outros nós estão a ouvir o meio e aguardam a sua vez de transmitir, mas não o conseguem enquanto este permanecer ocupado. Outra forma é o atacante enviar pacotes suficientemente longos para manter o meio de transmissão ocupado durante muito tempo. Os nós atacados não transmitem, mas esperam que o meio de transmissão fique livre. Desta forma, o atacante ataca a transmissão do mecanismo de deteção da portadora física dos nós.

3.3 Vulnerabilidades consideradas para a norma IEEE 802.16 .

Até agora, foram apresentadas algumas vulnerabilidades da norma IEEE 802.11. Existem outras vulnerabilidades que também são comuns a ambas as normas. Esta secção centrar-se-á na forma como estas vulnerabilidades funcionam em ambas as normas. Foram introduzidas algumas melhorias durante a conceção da norma IEEE 802.16, pelo que algumas vulnerabilidades presentes na norma IEEE 802.11 deixaram de existir na IEEE 802.16. Essas tecnologias melhoradas são também mencionadas neste capítulo quando existem. Algumas estão em construção. Algumas ainda apresentam problemas, que são mencionados no presente documento no capítulo seguinte.

3.3.1 Ataque de desautenticação

A. Antecedentes do IEEE 802.11

O ataque de desautenticação é uma das vulnerabilidades de identidade designadas na norma IEEE 802.11. Um novo nó tem de passar por um processo de autenticação e associação para ter acesso a uma rede IEEE 802.11. Se a autenticação for aberta, qualquer nó pode entrar na rede livremente. Mas, se for protegida com base numa chave partilhada, o acesso necessita da palavra-passe da rede. Após a autenticação, o nó passa pelo processo de associação e obtém o direito de aceder aos dados (envio e receção) em toda a rede. Quando um nó recebe uma mensagem de desautenticação, retira-se instantaneamente da rede e regressa ao seu estado inicial.

No ataque de desautenticação, o atacante disfarça-se de nó da rede sem fios. Este nó desonesto determina primeiro o endereço do ponto de acesso (AP), que é análogo ao BS (Base Station) numa rede IEEE 802.16. A rede sem fios é controlada por este AP [18]. O endereço do AP não é protegido por meios criptológicos. Por vezes, os AP estão configurados de forma a que o seu endereço possa ser encontrado ouvindo as transmissões de outros nós, embora não transmitam diretamente a sua presença.

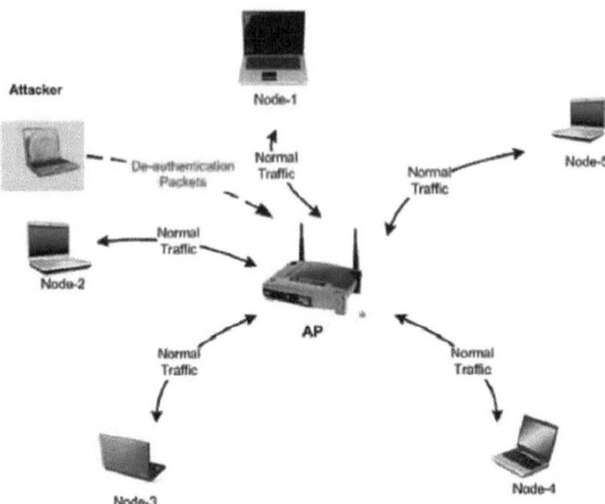

Figura 3.1 Ataque de desautenticação [20]

Ao obter o endereço do AP, o atacante utiliza-o como endereço de difusão predefinido. O atacante transmite a mensagem de desautenticação a todas as estações ao seu alcance. Qualquer estação que acredite que esta mensagem vem do AP, pára imediatamente a transmissão. Esses nós desautenticados devem agora reiniciar o processo de autenticação e associação desde o início. O atacante repete a transmissão da mensagem de desautenticação e torna o tráfego da rede completamente ocioso. Esta situação é mostrada na figura 3.1.

O ataque de desautenticação só se torna possível devido a algumas propriedades básicas da mensagem de desautenticação. O mais importante é o facto de o endereço de origem da mensagem não ser completamente autenticado a partir de uma verificação lógica. Uma vez que não existe qualquer proteção criptográfica para o endereço de origem do PA. É uma tarefa fácil para o atacante criar mensagens válidas e transmiti-las para a rede. Se a mensagem estiver perfeitamente formatada, a vítima responder-lhe-á e cairá na armadilha.

B. Aplicação ao IEEE 802.16

Existem algumas mensagens MAC no IEEE 802.16 que são análogas à mensagem de desautenticação encontrada no IEEE 802.11. Uma dessas mensagens é a mensagem Reset Command (RES-CMD). A estação base (BS) envia esta mensagem a uma determinada estação de assinante (SS) para se reinicializar completamente [19]. O assinante que receber esta mensagem RES-CMD válida reinicializará o seu MAC e tentará repetir o acesso inicial ao sistema, como mostra a figura 3.2. A BS está autorizada a enviar esta mensagem para repor a SS que não responde ou que está a funcionar mal. Outro tipo de mensagem semelhante é a mensagem de comando de registo De/RE (DREG-CMD). A BS obriga uma SS a alterar o seu estado de acesso através do envio desta mensagem. Um dos objectivos do envio desta mensagem é forçar uma SS a abandonar completamente o canal de transmissão.

Ao contrário do IEEE 802.11, o IEEE 802.16 tem uma proteção significativa contra a utilização indevida desses comandos. O primeiro mecanismo de proteção é a utilização do resumo Hashed Message Authentication Code (HMAC) com hash SHA-1 para autenticação de mensagens. Neste mecanismo, é gerado um valor de 160 bits como resumo HMAC, utilizando a mensagem original e a chave secreta partilhada. O resumo HMAC é enviado ao recetor com a mensagem original. Depois de receber a mensagem, o recetor calcula o resumo HMAC utilizando a mensagem e a chave secreta conhecida. Este valor calculado é

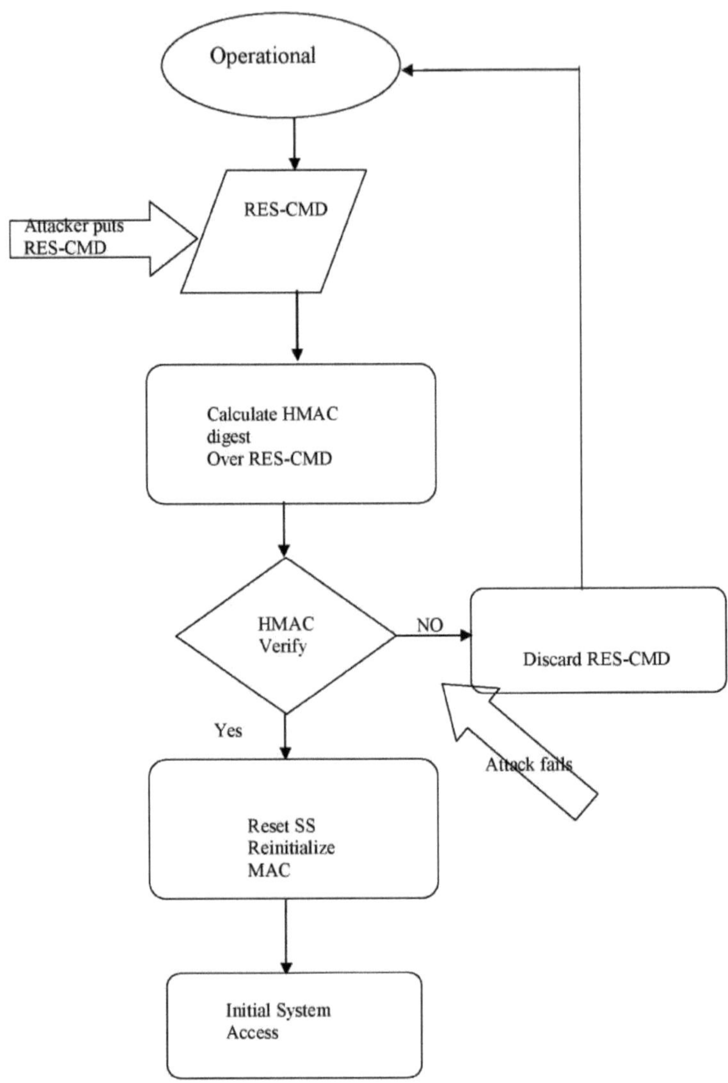

Fig 3.2: Ataque de desautenticação impedido pelo RES-CMD [19]

Comparado com o valor HMAC recebido. Para obter o mesmo hash, a mensagem e a chave partilhada têm de ser exatamente iguais. Caso contrário, não será aceite.

3.3.2 Ataque de repetição

A. Antecedentes do IEEE 802.11

Um ataque de repetição é um ataque em que uma mensagem ou dados de autenticação são repetidos por um atacante para enganar um recetor, impedindo-o de conceder acesso. Pode tratar-se de qualquer tipo de retransmissão de dados numa rede, que o atacante faz apenas para cumprir o seu objetivo malicioso. Uma informação válida é interceptada por um atacante e reutilizada sem ser modificada. Na rede IEEE 802.11, este ataque cria um problema de negação de serviço (DoS) que, por vezes, se torna um problema grave. O nó recetor recebe a mensagem como válida e, em seguida, consome largura de banda e tempo de computação para que a mensagem seja descodificada e actuada. A ausência total de serialização das mensagens torna a rede IEEE 802.11 sensível a esta vulnerabilidade. Não existe um método integrado para detetar e rejeitar mensagens repetidas na rede IEEE 802.11.

B. Aplicação ao IEEE 802.16

O cenário é bastante diferente na norma IEEE 802.16. Para efetuar um ataque de repetição bem sucedido, um atacante pode precisar de ter em mãos o funcionamento da BS e da SS. Se a rede for concebida no modo FDD (Frequency Division Duplexing), a transmissão da BS e da SS é efectuada em frequências diferentes. Nesse caso, torna-se realmente uma tarefa difícil para um atacante transmitir dados numa frequência e recebê-los noutra.

Mais uma vez, a presença do resumo HMAC exige que a mensagem retransmitida permaneça inalterada; a capacidade de reutilização da mensagem depende dos seus pormenores internos. Quando a mensagem contém informações transitórias, como um carimbo de data/hora ou um número de série, torna-se realmente difícil para um atacante efetuar este ataque.

Uma mensagem RES-CMD original não contém qualquer número de série, carimbo de data/hora ou informação transitória. Assim, um atacante pode tentar utilizar esta mensagem para efetuar um ataque de repetição. Mas, infelizmente, o ataque também não será bem sucedido. Porque o IEEE 802.16 envolve o cabeçalho MAC com a mensagem para calcular o resumo HMAC. O HMAC tem de estar inalterado para que o ataque de repetição funcione, o que cria um problema para o atacante. O cabeçalho MAC contém o CID (identificador de ligação) do SS, que deve ser reposto após a receção desta mensagem. Uma vez reposto, a SS continuará a funcionar com o novo CID atribuído pela BS. O CID é um valor de 16 bits e a BS escolhe um novo entre 65.536 opções. É inesperado para um atacante que o SS seja atribuído com o mesmo CID. Mesmo que o CID permaneça o mesmo, a SS negociaria um novo conjunto de chaves para autenticar a mensagem. Assim, um ataque de repetição baseado no RES-CMD falha. Um ataque de repetição com a mensagem DREG-CMD também falha pela mesma razão.

3.3.3 Falsificação de AP

A. Antecedentes do IEEE 802.11

A falsificação de pontos de acesso (AP Spoofing) é um ataque típico do tipo man-in-the middle. Neste ataque, o atacante coloca-se entre dois nós e controla todo o tráfego entre eles. Esta ameaça é muito perigosa, pois o atacante consegue apanhar toda a informação que circula na rede. Não é assim tão fácil nem tão complexo efetuar um ataque man-in-the-middle numa rede com fios, porque isso exigiria um acesso real à rede. Mas na rede sem fios não é necessária a existência física, pelo que é preferível para o atacante. O primeiro passo é criar um ponto de acesso não autorizado para a associação entre um nó vítima e um ponto de acesso legítimo. Em seguida, o AP desonesto é estabelecido copiando toda a configuração do legítimo: SSID, endereço MAC, etc.

O passo seguinte consiste em aguardar que um novo utilizador tente ligar-se à rede e que se ligue ao PA desonesto. Os utilizadores podem ligar-se por si próprios ao AP desonesto ou o atacante pode criar um ataque de negação de serviço ao AP legítimo para interromper as ligações e, automaticamente, os novos utilizadores ficam presos ao AP desonesto. Nas redes IEEE 802.11, os nós dos assinantes selecionam o AP em função da intensidade do sinal recebido. O atacante só precisa de garantir que o seu AP tem maior intensidade de sinal do que a vista pela vítima. Para tal, o atacante tenta colocar o seu AP mais próximo da vítima do que o AP legítimo, ou utilizar uma técnica diferente, utilizando antenas direcionais. Este cenário é apresentado na figura 3.3.

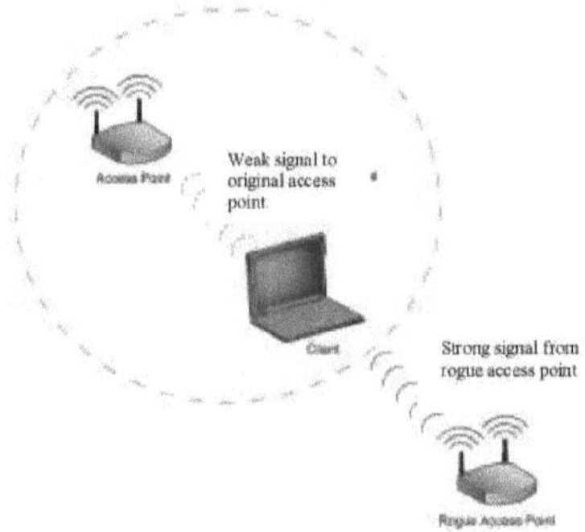

Figura 3.3: Falsificação de ponto de acesso por um nó desonesto [21].

Assim, o nó da vítima obtém ligação ao PA desonesto e continua a trabalhar como faz com o PA legítimo, uma vez que não tem conhecimento do facto real. O atacante capta todas as informações necessárias, a começar pelas palavras-passe, quando a vítima tenta efetuar o login para diferentes acessos. Obtendo todas as informações necessárias, o atacante consegue penetrar na rede legítima.

Este ataque é possível na rede IEEE 802.11 porque não existe uma autenticação bidirecional forte entre o AP e os nós. As credenciais do AP são normalmente difundidas através da rede para o assinante nodes. Como resultado, a escuta da rede torna-se fácil para o atacante e este obtém todas as informações necessárias. Os nós utilizadores podem utilizar a autenticação WEP para se autenticarem junto do AP, o que também é vulnerável, mas ainda assim mais seguro. Um atacante precisa de escutar muito tráfego e tentar a análise criptográfica para obter a palavra-passe.

B. Aplicação ao IEEE 802.16

O AP spoofing é designado por BS spoofing na rede IEEE 802.16. Para obter autorização e material de chaveamento de tráfego da BS, uma SS utiliza o protocolo PKM (Key Management Protocol). Este protocolo também suporta a reautorização periódica e a atualização de chaves. Os certificados digitais X.509 e o algoritmo de encriptação de chave pública RSA são utilizados pelo protocolo de gestão de chaves. É também utilizado um algoritmo de encriptação forte para efetuar trocas de chaves entre a SS e a BS.

O protocolo PKM funciona como um modelo cliente-servidor. A SS solicita material de codificação, sendo um cliente PKM, à BS, onde a BS actua como um servidor PKM e responde aos pedidos da SS. A SS só recebe material de chaveamento da BS como cliente quando é autorizada. O protocolo utiliza mensagens de gestão MAC que são PKM-REQ e PKM-RSP entre a SS e a BS.

A criptografia de chave pública é utilizada pelo protocolo PKM para estabelecer uma chave de autenticação (AK) secreta e partilhada entre a SS e a BS. A chave de autenticação é utilizada para proteger as chaves de encriptação do tráfego (TEKs) durante trocas PKM consecutivas.

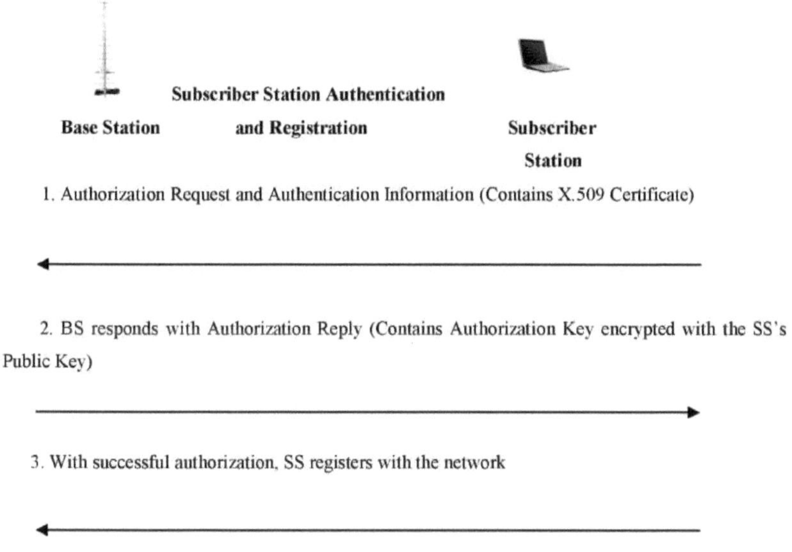

Figura 3.4: Autenticação e registo de SS [12]

Durante a troca de autorização inicial, uma BS autentica um cliente SS. Cada SS transporta um certificado digital X.509 único, emitido pelo fabricante. O certificado digital contém a chave pública e o endereço MAC da SS. Ao solicitar um AK, uma SS apresenta o seu certificado digital à BS. A

BS verifica o certificado digital e, em seguida, utiliza a chave pública verificada para cifrar um AK que a BS envia de volta à SS requerente. Assim, com a troca de AK, a BS estabelece uma identidade autenticada de um cliente SS e o SS é autorizado a aceder aos seus serviços, como mostra a figura 3.4. Neste processo, é muito difícil para um atacante entrar na rede, especialmente sendo um SS rouge. A BS ainda não está ratificada e este pode ser um ponto-chave para o ataque. No entanto, só um atacante dedicado e experiente pode penetrar na rede. A autenticação da BS é discutida mais tarde neste documento como uma nova ideia para melhorar a segurança na norma IEEE 802.16.

3.3.4 Falsificação de endereços Mac

A. Antecedentes do IEEE 802.11

Um endereço MAC é um endereço que existe na camada de ligação de dados (camada 2) do modelo OSI. Existem duas subcamadas na camada de ligação de dados, como já foi referido no capítulo 2. Estas duas camadas são a camada de Controlo de Acesso ao Meio (MAC) e a camada de Controlo de Ligação Lógica (LLC). Um nó de rede utiliza o endereço MAC para obter acesso à rede e autorização para transmitir dados, que é controlada pela subcamada MAC. O endereço MAC é um endereço único que é gravado no hardware durante o seu fabrico.

Na norma IEEE 802.11, a filtragem de endereços MAC no ponto de acesso era uma forma de impedir a entrada de utilizadores não legítimos na rede. Porém, descobriu-se que a falsificação de MAC não era uma tarefa difícil para os invasores. Existem muitos programas, para vários SOs (Sistemas Operacionais), que podem modificar o endereço MAC informado pelo adaptador de rede. Este procedimento é muito fácil e pode ser efectuado em poucos minutos.

Apesar de a falsificação de MAC se ter tornado bem conhecida, o IEEE 802.11 continua a utilizar este esquema de autorização porque o MAC de 48 bits era considerado suficientemente longo para permitir um ataque de força bruta. Mas, com o tempo, foram criados novos programas que permitiram aos atacantes ultrapassar esta barreira. No entanto, o endereço é difundido na rede conforme exigido pela norma e os atacantes não precisam de investir um longo período de tempo para o descobrir. Só é necessário intercetar alguns pacotes para que os atacantes obtenham o endereço MAC. Desta forma, ao roubar o endereço MAC, um nó desonesto pode ser identificado como um utilizador legítimo na rede.

B. Aplicação ao IEEE 802.16

A norma IEEE 802.16 também utiliza um endereço MAC de 48 bits. Aquando da autenticação, cada SS utiliza um certificado SS emitido e assinado pelo fabricante [7]. Um certificado SS identifica um determinado SS e o seu endereço MAC, que é incluído no seu campo de assunto. A BS e a SS identificam-se mutuamente durante o processo inicial de variação e autenticação, utilizando este valor. Quando a SS envia um pedido de variação (RNG-REQ) à BS, a SS inclui o seu endereço MAC. Na resposta de variação (RNG-RSP) da BS, o endereço MAC é novamente incluído. Assim, um espião que intercepte o uplink ou o downlink da ligação pode obter o endereço MAC da SS autorizada. No entanto, [7] propôs uma solução. Este projeto pressupõe que o SS mantém a chave privada correspondente à sua chave pública num armazém selado, impedindo que os atacantes a comprometam facilmente. Ainda assim, o problema permanece na autenticação da BS ou na falta do certificado da BS. Nesse caso, é necessária uma autenticação mútua para prevenir o cliente contra falsificações ou outro tipo de ataques.

3.3.5 Ataques à transmissão em modo Carrier Sense

A. Antecedentes do IEEE 802.11

Na rede IEEE 802.11, qualquer estação detecta primeiro o meio de transmissão, quer esteja livre ou ocupado. Se a estação obtiver o canal livre, transmite através do canal quando todas as outras estações sentirem que o canal está ocupado e não transmitem. Este mecanismo evita colisões, uma vez que apenas uma estação acede ao canal num determinado período de tempo. Este mecanismo é conhecido como Carrier Sense Multiple Access with Collision Avoidance (CSMA/CA), que reduz a probabilidade de colisões no canal durante a transmissão.

O CSMA/CA pode, opcionalmente, ser complementado pela troca de um pacote Request to Send (RTS) enviado pelo remetente S e um pacote Clear to Send (CTS) enviado pelo recetor pretendido R, alertando todos os nós dentro do alcance do remetente, do recetor, ou de ambos, para se manterem em silêncio durante a duração do pacote principal. Isso é conhecido como a troca RTS/CTS do IEEE 802.11.

Um nó "rouge" pode facilmente quebrar este mecanismo de várias formas e fazer cair a rede para todos os outros nós. Uma tarefa simples que faz é colocar-se na rede e transmitir continuamente pacotes falsos para manter o meio de transmissão ocupado. Todos os outros nós sentem o meio ocupado e esperam até que este fique livre.

A interferência de frequência é outra falha perigosa nas redes sem fios. Se um atacante fizer uma interferência pura de RF, todos os sistemas que comunicam na mesma frequência com o alvo deixarão de funcionar.

B. Aplicação ao IEEE 802.16

A norma IEEE 802.16 não utiliza a prevenção de colisões enquanto detecta a portadora para determinar se o meio de transmissão está livre ou não. Utiliza o mapa UL e o mapa DL para controlar o tráfego. Utiliza a deteção de colisões em vez do controlo de colisões. Quando há uma colisão, os dados são reenviados após um determinado período. O atacante não pode fazer com que os nós da rede se enganem facilmente, como acontece no IEEE 802.11.

Depois de entrarem na rede, todos os nós recebem um mapa UL antes da sua autenticação. O mapa UL contém o tempo de transmissão e os esquemas de modulação para a transmissão. O atacante pode tentar captar estas informações, uma vez que estas mensagens podem ser acedidas sem grandes dificuldades. O atacante sincroniza então o seu tempo e frequência de transmissão para atacar. No mapa UL, são apresentados os CID (identificadores de ligação) das SS, que são encontrados pelo atacante. Em seguida, ele transmite no mesmo horário programado que os CIDs obtidos das SSs. O tempo e o esquema de modulação são determinados utilizando o mapa UL. Desta forma, uma mensagem real de uma SS e a mensagem falsa do atacante colidem. Esta mensagem não autorizada é considerada como uma mensagem legítima pelo protocolo, uma vez que a mensagem é enviada após a análise de todas as informações originais.

Capítulo 4

Elementos de segurança IEEE 802.16

4.1 Principais elementos de segurança da norma IEEE 802.16

Existem alguns elementos de segurança importantes que definem a estrutura de segurança total da rede IEEE 802.16. As partes mais significativas da norma de segurança IEEE 802.16 são a Associação de Segurança (SA), o certificado X.509, a autorização PKM, a Gestão da Privacidade e das Chaves e a Encriptação. A avaliação destes elementos é essencial antes de mencionar as carências de segurança e as suas implementações.

4.2 Algoritmos de encriptação

Existem muitos algoritmos de cifragem que podem ser utilizados para garantir a troca de chaves de cifragem e para a cifragem dos dados de transporte. Estes algoritmos estão incluídos na subcamada de segurança da norma IEEE 802.16. Os algoritmos de cifragem são os seguintes

* RSA (Rivest Shamir Adleman). O RSA é um sistema de cifragem de chave pública definido por Rivest, Shamir e Adleman em 1977. Este algoritmo de cifragem assimétrica de chave pública é utilizado para cifrar a mensagem de resposta de autorização utilizando a chave pública SS. A mensagem de resposta de autorização inclui a chave de autorização (AK). O RSA também pode ser utilizado para a cifragem das chaves de cifragem do tráfego quando estas chaves são transmitidas da BS para a SS. Este algoritmo baseia-se na exponenciação em aritmética modular. É um dos algoritmos populares geralmente aceites como práticos e seguros para a cifragem de chaves públicas.

* DES (Data Encryption Standard). O DES e o 3-DES são algoritmos de encriptação de chave partilhada (secreta). O algoritmo DES pode ser utilizado para a encriptação de dados de tráfego. É obrigatório para os equipamentos IEEE 802.16. O algoritmo 3-DES pode ser utilizado para a encriptação das chaves de encriptação do tráfego. No DES, uma cadeia de bits de texto simples de comprimento fixo é inserida para produzir uma cadeia de bits de texto cifrado com o mesmo comprimento. Esta transformação é efectuada através de uma série de operações complicadas. No DES, o tamanho do bloco é de 64 bits. Também é utilizada uma chave na transformação de texto simples em texto cifrado no DES, de modo a que a desencriptação só possa ser possível por quem esteja informado sobre a chave específica de encriptação. O 3-DES é simplesmente outro modo de funcionamento do DES. Utiliza três chaves de 64 bits, para um comprimento total de chave de 192 bits. O procedimento de encriptação é exatamente o mesmo que o DES normal, mas é repetido três vezes. Daí o nome DES triplo ou 3-DES. Os dados são encriptados com a primeira chave, desencriptados com a segunda chave e finalmente encriptados novamente com a terceira chave. A

Figura 4.1 mostra o procedimento de funcionamento do algoritmo DES triplo.

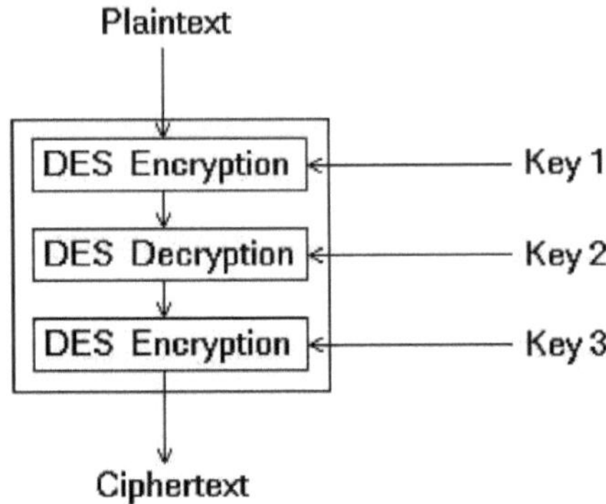

Figura 4.1: Algoritmo DES triplo [22]

* AES (Advanced Encryption Standard). O algoritmo AES é um algoritmo de encriptação de chave partilhada (secreta). As sequências de entrada e saída consistem em 128 bits no algoritmo AES. A chave de cifra para o algoritmo AES é uma sequência de 128, 192 ou 256 bits. Este algoritmo pode ser utilizado para a cifragem de dados de tráfego e pode também ser utilizado para a cifragem das chaves de cifragem do tráfego. A sua aplicação não é obrigatória.

Alguns outros algoritmos criptográficos também estão incluídos na norma IEEE 802.16.

* HMAC (Hashed Message Authentication Code) e CMAC (Cipher-Based Message Authentication Code). Um algoritmo específico que envolve uma função hash criptográfica em combinação com uma chave secreta é utilizado para calcular o código de autenticação de mensagem hash em criptografia [23]. Pode ser utilizado para verificar tanto a integridade dos dados como a autenticidade de uma mensagem com qualquer MAC. No cálculo de um HMAC podem ser utilizadas funções de hash criptográficas como MD5 (Message-Digest algorithm 5) ou SHA-1 (Secure Hash Algorithm-1). O CMAC (Cipher-based Message Authentication Code) é um algoritmo baseado numa cifra de bloco. O HMAC e o CMAC são utilizados para autenticação de mensagens e controlo da integridade.

4.3 Certificado X.509

Em 1988, a ISO/IEC (Organização Internacional de Normalização e Comissão Eletrotécnica Internacional) e a UIT (União Internacional das Telecomunicações) publicaram uma norma, X.509, que constitui uma prova eletrónica de identidade [24]. A norma X.509 define uma infraestrutura de autenticação baseada em técnicas de chave pública. Efectua a autenticação implícita utilizando a encriptação de dados e a autenticação explícita utilizando a assinatura digital [25]. Durante a troca de autorização inicial, um BS autentica um cliente SS. Cada SS transporta um certificado digital X.509 único, emitido pelo fabricante. Este certificado digital inclui a chave pública e o endereço MAC do SS. Quando solicita um AK, uma SS apresenta o seu certificado digital à BS. A BS verifica o certificado digital e, em seguida, utiliza a chave pública verificada para encriptar um AK. A BS envia então o AK para a SS requerente. A Figura 4.2 mostra a autenticação X.509.

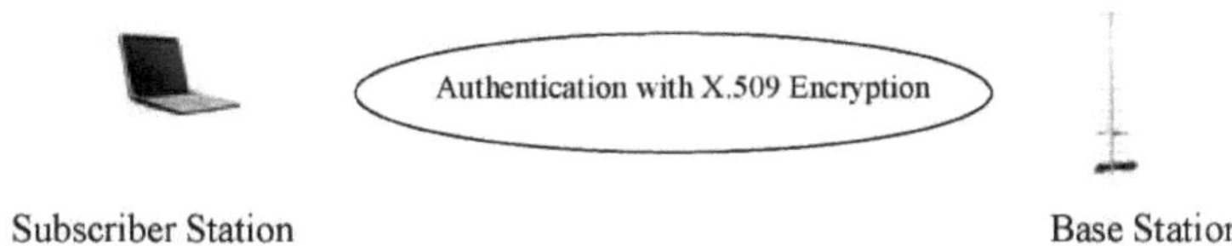

Figura 4.2: Autenticação X.509 [12].

A BS associa a identidade de autenticação de um SS e, por conseguinte, ao serviço de dados, como voz, vídeo e dados, a que um assinante está autorizado a aceder. Por conseguinte, a BS estabelece uma identidade autenticada de um cliente SS e os serviços a que o SS está autorizado a aceder com a troca de AK. Como a BS autentica o SS, pode defender-se contra um atacante que empregue um SS clonado que se esteja a mascarar como um SS legítimo. A prevenção de SSs clonados que atribuem credenciais falsas a uma BS pode ser evitada usando o certificado X.509.

Todos os SSs podem ter pares de chaves públicas/privadas RSA instalados na fábrica ou ter um algoritmo interno para gerar esses pares de chaves dinamicamente. Se um SS precisar de gerar o seu par de chaves RSA utilizando o seu algoritmo interno, o SS gerará o par de chaves antes de trocar AK. Todos os SSs que dependem de algoritmos internos para gerar um par de chaves RSA suportarão um mecanismo para instalar um certificado X.509 emitido pelo fabricante.

A aplicação de um par de chaves públicas/privadas RSA instaladas de fábrica limita as hipóteses de sucesso de qualquer hacker. O primeiro obstáculo para um hacker é ter um SS do mesmo fornecedor que o BS visado, e o segundo é quebrar a encriptação X.509.

4.3 Associações de segurança (SAs)

A norma IEEE 802.16 define uma Associação de Segurança (SA) como um conjunto de informações de segurança que uma BS e um ou mais dos seus SSs clientes partilham para suportar comunicações seguras. As SAs são geridas pela BS. Quando ocorre um evento de autenticação, a BS fornece à SS uma lista de Associações de Segurança associadas às suas ligações. Geralmente, uma SS tem uma associação de segurança para a sua ligação de gestão secundária e mais duas para as ligações de ligação descendente e ascendente. Depois disso, a BS pode indicar uma ou mais SAs novas para a SS.

Cada SA tem o seu próprio ID, denominado SAID. A estação de base e o assinante partilham o SAID e desenvolvem todos os parâmetros de segurança, o que facilita muito as coisas. O Security Association Identifier (SAID) é um identificador de 16 bits partilhado entre a BS e a SS que identifica exclusivamente uma SA [29].

4.4 Chaves de encriptação

São utilizadas diferentes chaves de encriptação para a segurança da rede IEEE 802.16. A lista de chaves de cifragem da norma IEEE 802.16 é apresentada no quadro seguinte. A notação e o número de bits das chaves também são indicados.

Tabela 4.1: Chaves de encriptação utilizadas na norma IEEE 802.16, na sua versão IEEE 802.162004 [26].

Chaves de encriptação	Símbolo	Número de bits	Descrição
Chave de autorização	AK	160	O SS obtém a autenticação do seu BS. É uma chave secreta partilhada e utilizada para transacções seguras. Também é utilizada para gerar chaves de encriptação.
Chave Chave de encriptação	KEK	128	Chave de encriptação da chave utilizada para a encriptação do TEK.
Chave de encriptação do tráfego	TEK	1 28	Utilizado para encriptar dados através de diferentes algoritmos.
Chave HMAC para a ligação descendente	HMAC_KEY_D	1 60	Autentica as mensagens na direção da ligação descendente.
Chave HMAC para o Uplink	HMAC_KEY_U	1 60	Autentica as mensagens na direção do uplink.
Chave HMAC no modo de malha	HMAC_KEY_S	1 60	Autentica mensagens no modo Mesh.

4.5 O protocolo PKM

A BS actua como servidor e controla a distribuição de material de chaveamento para o cliente SS. A subcamada de segurança da norma IEEE 802.16 utiliza um protocolo autenticado de gestão de chaves cliente/servidor. A segurança baseada no protocolo PKM (Privacy Key Management) está presente quando o BS autentica um cliente SS durante a troca de autorização inicial. Uma SS utiliza um certificado digital para obter a autenticação da BS. A criptografia de chave pública é utilizada pelo protocolo PKM para estabelecer uma chave secreta partilhada entre a SS e a BS. O protocolo PKM é também utilizado pela SS para suportar a reautorização periódica e a atualização da chave. O PKMvl é utilizado na norma IEEE 802.16 e as suas caraterísticas básicas de funcionamento são enumeradas no quadro seguinte.

Tabela 4.2: Os princípios básicos do protocolo PKMvl na norma IEEE 802.16 [26].

Caraterística	Protocolo PKMvl
Autenticação	Autenticação unidirecional baseada em RSA: a BS autentica a SS.
Associação de segurança	Uma família SA: Unicast. Composta por três tipos de associações de segurança: primária, dinâmica e estática.
Encriptação de chaves	Utilização de três algoritmos de encriptação: 3-DES, RSA e AES.
Encriptação de dados	A norma define dois algoritmos diferentes: (DES no modo CBC, (AES no modo CCM.

Na norma IEEE 802.16, o protocolo PKM tem duas mensagens genéricas de gestão MAC:

- Pedido PKM (PKM-REQ). A mensagem PKM-REQ contém uma mensagem PKM na sua carga útil. Esta mensagem é transferida da SS para a BS.

- Resposta PKM (PKM-RSP). A mensagem PKM-RSP contém uma mensagem PKM na sua carga útil. É sempre transferida da BS para a SS.

A BS autentica a SS e fornece-lhe material de chave para permitir a cifragem de dados após a negociação da capacidade. Cada SS começa a trabalhar inicialmente com pares de chaves públicas/privadas RSA que lhe são instalados pela empresa fabricante. Por vezes, em vez de uma ligação direta, pode ser fornecido um algoritmo interno para produzir estes pares de chaves. Quando os pares de chaves RSA são instalados no SS pelo fabricante, é também fornecido um certificado digital X.509. Mas, quando o algoritmo interno precisa de gerar pares de chaves, existe um mecanismo para instalar o certificado X.509 emitido pelo fabricante, seguindo a geração de chaves.

Assim, o certificado digital X.509 de cada SS é único e emitido pelo fabricante do SS. A chave pública e o endereço MAC de um SS são anexados ao certificado digital X.509 do SS. O certificado SS X.509 é um certificado de chave pública que combina as informações de identificação do SS com a sua chave pública RSA. A chave secreta AK é recebida do operador. Uma SS apresenta o seu certificado digital à BS quando solicita um AK. O certificado X.509 da SS é assinado digitalmente pelo fabricante da SS. Como a BS conhece a chave pública do fabricante, pode verificar a assinatura.

Uma SS obteve a verificação da BS mostrando o seu certificado digital X.509 durante o pedido de uma AK (chave de autorização). Apresenta também a descrição dos algoritmos criptográficos suportados pela BS. Outras transacções seguras são feitas por esta AK secreta partilhada. Antes de enviar uma resposta de autenticação à SS, a BS verifica o certificado digital e determina o algoritmo de encriptação que deve ser utilizado. O algoritmo RSA é utilizado para encriptar o AK com a chave pública verificada. Este AK encriptado com chave pública RSA é então enviado pelo BS ao SS requerente. Este processo de autenticação e troca de chaves é mostrado na figura 4.3.

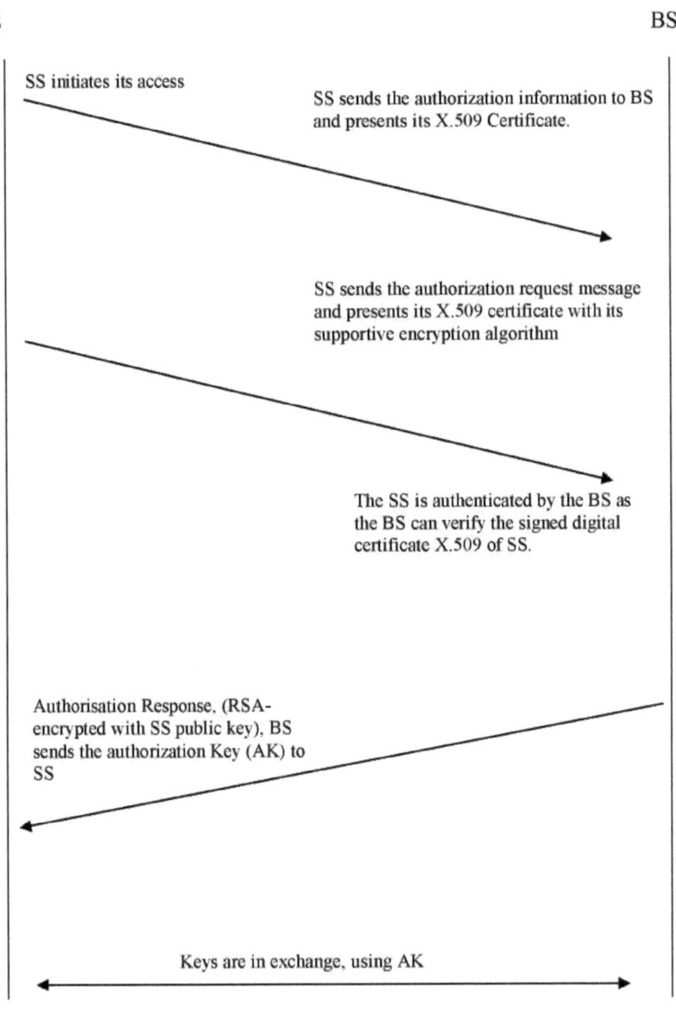

Figura 4.3: Atribuição de chaves de autenticação e autorização pela BS. A BS é o servidor e a SS é o cliente [26].

Em primeiro lugar, a SS envia uma mensagem de informação de autorização PKM. O certificado X.509 é fornecido com esta mensagem. Trata-se de uma mensagem informativa que a SS envia à BS e esta obtém o conhecimento do certificado do fabricante da SS cliente.

Após a mensagem de informação de autorização, uma SS envia uma mensagem de pedido de autorização PKM à BS. Esta mensagem contém o certificado X.509 da SS, o SAID primário da SS e uma descrição da sua capacidade de segurança. O certificado digital é verificado novamente pela BS. O AK é encriptado pela chave pública. A BS envia de volta uma mensagem de resposta de autorização PKM à SS que contém este AK. Com este mecanismo, evita-se que as SS clonadas passem credenciais falsas a uma BS.

4.6 Gestão da chave de autorização (AK)

As informações de chaveamento de todos os seus SAs são mantidas pela BS. O protocolo PKMv1 utiliza criptografia de chave pública para estabelecer uma chave secreta partilhada, ou seja, um AK entre a SS e a BS. Uma SS desconhecida envia uma mensagem de pedido de autorização à BS. Esta inicia a ativação de um novo AK. A BS cria e envia de volta este AK à SS requerente numa mensagem de resposta de autorização. Cada AK tem um tempo de vida predefinido dado pela BS. O AK permanece ativo até expirar. Uma SS deve reautorizar-se antes da expiração do seu AK atual, caso contrário a BS considera esta SS não autorizada e deixa de ter um AK ativo para ela.

É da responsabilidade de uma SS pedir autorização à sua BS e manter uma AK ativa. Ao reemitir um Pedido de Autorização à BS, uma SS actualiza a sua AK. Com a receção de uma mensagem de Pedido de Autorização de uma SS, a BS inicia um período de transição de AK. A BS cria uma única AK ativa para a SS. Este AK é enviado de volta com a mensagem de Resposta de Autorização para a SS. Na receção de outra mensagem de Pedido de Autorização, a BS envia de volta um segundo AK para a SS. Foi mencionado anteriormente que cada AK tem um tempo de vida predefinido que é fixado pela BS. O tempo de vida deste segundo AK é o tempo de vida restante do primeiro AK e o tempo de vida predefinido do AK. Depois de receber esta mensagem de resposta de autorização, uma SS começa a enviar uma mensagem de gestão MAC de pedido de chave cifrada com este AK.

Os tempos de vida destes dois AKs sobrepõem-se um ao outro. A BS tem a capacidade de suportar dois AKs activos ao mesmo tempo para cada SS cliente durante um período de transição de AK. Quando a chave mais antiga expira, o período de transição de chaves termina. Cada SS mantém um período de tempo configurável para programar o início da reautorização. A BS não precisa de conhecer este tempo. A BS mantém os AKs de acordo com o seu tempo de vida predefinido. O exercício das AKs é imperativo quando são geradas chaves de cifragem para mais trocas.

4.7 Encriptação de dados

O protocolo PKM efectua trocas de chaves entre a SS e a BS utilizando o certificado digital X.509, o algoritmo de encriptação de chave pública RS A e outros algoritmos de encriptação forte. Quando um SS obtém uma AK da BS após as trocas de mensagens PKM, esta é utilizada para outras trocas PKM seguras de TEKs (Traffic Encryption Keys). Assim, no IEEE 802.16, obtêm-se sistemas de chaves de dois níveis. Em primeiro lugar, o protocolo PKM autentica um SS para a BS quando uma chave secreta partilhada (AK) é estabelecida por criptografia de chave pública e, em seguida, o SS obtém o registo na rede quando a AK é utilizada para garantir a troca de chaves de encriptação de tráfego (TEKs) [27].

A BS gera inicialmente duas TEKS para cada SA. Quando a antiga expira, gera uma nova chave. Entre as duas chaves, a BS utiliza a mais antiga para encriptar o tráfego de ligação descendente. Para decifrar o tráfego de ligação ascendente, utiliza uma das duas chaves, dependendo da chave que está a ser utilizada pela SS. A figura 4.4 mostra que a SS solicita à BS as chaves de encriptação TEK0 e TEK1. A BS altera a sua chave sempre que esta expira. A SS utiliza a mais recente das duas chaves para encriptar o tráfego de ligação ascendente. Para o tráfego de downlink, pode utilizar qualquer uma das duas chaves, dependendo da chave que está a ser utilizada pela BS.

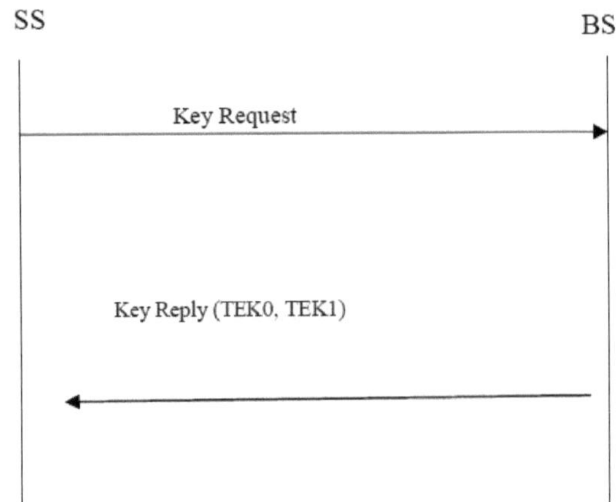

Figura 4.4: A SS pede à BS as chaves de encriptação TEK0 e TEK 1[28].

Os TEKs têm um tempo de vida limitado e precisam de ser actualizados periodicamente. Quando a TEK mais antiga expira, a BS utiliza a TEK mais recente para a cifragem. É da responsabilidade da SS atualizar as suas chaves em intervalos regulares de tempo. A BS utiliza uma KEK para cifrar a TEK na mensagem de gestão MAC Key Reply (PKM-RSP). O TEK é cifrado com um dos seguintes algoritmos, utilizando o KEK: 3-DES, RSA ou AES. O algoritmo de cifragem do TEK é indicado pelo identificador do algoritmo de cifragem do TEK no conjunto criptográfico do SA [28].

C capítulo 5

A minha contribuição

O objetivo deste documento é reunir todas as questões de segurança da norma IEEE 802.16, identificando ameaças à segurança e sugerindo soluções. A segurança pode não ser uma preocupação importante nas redes com fios, mas desempenha um papel vital nas redes sem fios. Os investigadores continuam a trabalhar nela desde o início do seu percurso. No futuro, poderão surgir mais problemas e os investigadores apresentarão novas soluções. É uma área imensa e precisa de ser inspeccionada regularmente, pois está a aumentar com o tempo. A rede IEEE 802.16 é um tema moderno na rede sem fios de banda larga. Já alcançou grande reconhecimento entre as pessoas para servir a rede de banda larga sem fios. A grande popularidade exige grande segurança na transmissão de dados. A elevada segurança e a transmissão robusta farão com que esta tecnologia avance muito no sector do acesso à rede sem fios de banda larga e à rede mundial.

5.1 Autenticação mútua

Na norma IEEE 802.16, um SS tenta de todas as formas obter a autenticação da BS. No entanto, não existe qualquer regulamento para a BS se autenticar a si própria. Devido a esta falta, uma BS desonesta pode fingir ser uma BS legítima, o que não é possível para uma SS reconhecer. Por conseguinte, a BS tem de se autenticar a si própria, tal como o faz a SS. A autenticação mútua é a solução. A autenticação deve ser efectuada por ambos os lados. Podemos dar uma vista de olhos no cenário atual. O protocolo de autenticação existente pode ser mostrado na figura abaixo.

Message 1: SS ⑧ BS: Cert (SS) (Auth Req message)

Message 2: SS ⑧ BS: Cert (SS) | Capabilities | BCID

Message 3: BS ⑧ SS: KU_{SS} (AK) | SeqNo | Lifetime | SAIDList

Figura 5.1: Protocolo de autenticação na norma IEEE 802.16.

Na Figura 5.1, Cert (SS) é o certificado digital X.509 que SS obteve do seu fabricante. Os campos básicos do X.509 incluem a versão do certificado, o número de série, a assinatura, o emissor, a validade, o sujeito, a informação da chave pública do sujeito, a identificação única do emissor, a identificação única do sujeito e as extensões. Os algoritmos de autenticação e encriptação de dados suportados pelo SS estão incluídos em Capacidades. BCID é o ID de ligação básica da SS. A BS envia de volta KU_{SS} (AK) que é a chave de autorização cifrada pela chave pública da SS. SeqNo é um número de sequência de 4 bits para AK. Lifetime é o número de segundos antes da expiração da AK (32 bits). As identidades e as propriedades das SAs (Associações de Segurança) devido às quais uma SS está autorizada a obter informações de chaveamento são dadas na SAIDList.

Este protocolo existente não tem uma abordagem para definir a autenticação do BS. Um BS desonesto pode receber a mensagem do SS em vez do BS legítimo e pode fazer-se passar por um BS legítimo. Consideremos em que o BS desonesto não pode abrir a mensagem de dados, uma vez que estes estão encriptados, mas pode facilmente reproduzir a mensagem para o BS uma e outra vez, e pode fazer com que o SS não seja autenticado pelo BS. Os dados importantes, como as actividades bancárias ou governamentais, não estão protegidos por este protocolo.

A autenticação mútua é implementada na próxima versão da norma, que é a rede móvel IEEE 802.16e. No entanto, ainda não há qualquer trabalho em curso para a rede fixa. Este documento propõe um algoritmo para tornar esta rede fixa fiável e robusta, que é discutido a seguir.

5.2 Algoritmo proposto para autenticação de BS

Durante o tempo de transmissão, uma SS inicia a sessão. Envia as suas identificações, capacidades e outros requisitos para a BS. Depois de verificar os documentos, a BS envia de volta a resposta de autorização para a SS. Esta resposta deve ser verificada se provém da BS legítima ou de uma BS desonesta. Como a SS não tem capacidade para a verificar, pode obter ajuda de um terceiro de confiança. Este terceiro de confiança é um servidor de autenticação (AS) que deve ser do conhecimento da SS. O AS e a BS conhecem-se mutuamente, uma vez que são fabricados pelo fabricante. Depois de obter a resposta de autenticação da BS, a SS enviá-la-á para o servidor de autenticação (AS). A BS também enviará informações contendo a sua própria ID, SSID e credenciais SS para o AS. O AS avaliará ambas as informações recebidas da BS e da SS e devolverá a confirmação à SS. Nesta mensagem, se a SS considerar que a BS é legítima, continuará a sua transmissão. Caso contrário, encerrará a comunicação com a BS.

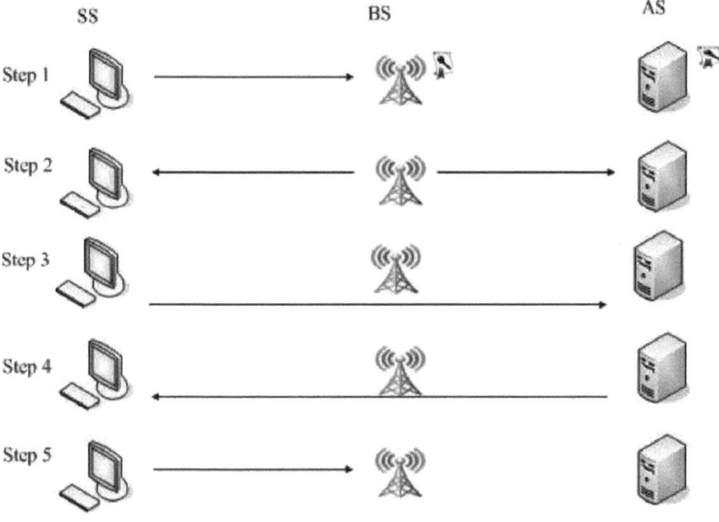

Step 1: SS communicates BS

Step 2: BS communicates SS and AS

Step 3: SS communicates AS

Step 4: AS communicates SS

Step 5: SS communicates BS

Figura 5.2: O processo de autenticação mútua para evitar o ataque de BS desonestos

A figura 5.2 mostra o novo protocolo de autenticação para evitar BS desonestos. Aqui, a BS envia a mensagem de resposta de autenticação para a SS legítima, onde também inclui o seu ID, que a SS apresentará ao servidor de autenticação (AS). Se algum atacante tentar envolver a rede, será capturado pelo servidor de autenticação. No entanto, o BS legítimo não permitirá a entrada de mais ninguém para além do SS legítimo, uma vez que verifica a sua identificação e outras credenciais. A encriptação DES (Data Encryption Standard) pode ser utilizada em todos os casos de chaves privadas e públicas.

5.3 Detalhe da comunicação com o servidor de autenticação

O BS e o AS conhecem-se desde o início, pois são fabricados desta forma. Um AS permite apenas um BS legítimo e nenhum outro elemento perturbador. A SS conhece igualmente a BS e o AS, de modo a poder verificar a BS a partir do AS de confiança. A figura 5.3 mostra o diagrama geral de mensagens de uma transmissão de autenticação bem sucedida entre um BS e um SS, em que ambos obtêm ajuda do terceiro de confiança, o AS (servidor de autenticação). Todas as mensagens são descritas a seguir no diagrama de troca de mensagens.

Message 1: SS ® BS: Cert (SS) (Auth Req message) | TS (Time Stamp)

Message 2: SS ® BS: Cert (SS) | Capabilities | BCID | TS

Message 3: BS ® SS: KU_{SS} (AK) | SeqNo | Lifetime | SAIDList | BSID

Message 4: BS ® AS: BSID | SSID | KU_{ss}

Message 5: SS ® AS: E (KR_{ss}, [SSID | BSID])

Message 6: AS ® SS: E (KU_{ss}, [Confirmation Message])

Message 7: SS ® BS: E(Further Communication)

Figura 5.3: O processo global de comunicação.

Mensagem 1: A SS comunica com a BS.

Mensagem 2: A SS inicia a comunicação apresentando o seu próprio certificado e credenciais designadas por capacidades com registo de data e hora apenas para defender a BS de ladrões.

Mensagem 3: A BS apresenta a sua própria identificação e outros documentos, encriptando-os com a chave pública da SS.

Mensagem 4: A BS também envia as credenciais da SS para o AS. No entanto, a BS e o AS são ambos estabelecidos pelo fabricante e conhecem-se como equipamentos de confiança.

Mensagem 5: A SS fornece ao AS as credenciais que recebeu da BS, encriptando-as com a sua própria chave privada.

Mensagem 6: O AS conhece a chave pública do SS a partir da BS e envia de volta a mensagem de confirmação depois de observar a mensagem.

Mensagem 7: Inicia-se a comunicação protegida entre a SS e a BS.

5.4 Prevenção de ataques de repetição

Quando o SS envia a sua ID e credenciais iniciais, um atacante pode obtê-las e enviá-las continuamente para o BS. O BS considera o SS legítimo como uma fraude e recusa-o. Quando a SS legítima tenta ligar-se mais tarde, a BS pode bloqueá-la permanentemente da rede. Trata-se de um ataque de repetição em que um atacante, embora não possa ler os dados do SS legítimo, pode fazer com que o SS saia da rede. O tipo de dados do carimbo de data/hora é simplesmente a identificação do momento em que ocorre a ação, o envio de mensagens ou a transmissão. Os carimbos temporais têm normalmente um período de validade de duração fixa. Uma assinatura em alguns dados (num certificado ou numa mensagem) que inclua um tempo ou período de tempo especificado (a duração pode ser em milissegundos) durante o qual uma chave ou dados são válidos é designada por carimbo de data/hora. Qualquer transmissão ou comunicação após este período de tempo não será efectuada pelo sistema, o que o torna seguro contra ataques externos, uma vez que os atacantes estão a tentar chegar quando o período termina (uma vez que o atacante precisa de tempo para processar e retransmitir).

Isto informará a BS sobre o tempo e um atacante não obterá sucesso na sua má motivação. Este procedimento pode ser ilustrado na figura 5.3. Nesta figura, mostra-se que uma SS entra em contacto com a BS utilizando um carimbo de data/hora.

Message 1: SS ® BS: Cert (SS) (Auth Req message) | TS (Time Stamp)

Message 2: SS ® BS: Cert (SS) | Capabilities | BCID | TS

Message 3: BS ® SS: KU_{SS} (AK) | SeqNo | Lifetime | SAIDList | TS | BSID

Figura 5.4: Prevenção de ataques de repetição utilizando o carimbo de data/hora.

A BS também envia de volta o seu ID para a SS, que é o BSID (Base Station ID). A SS envia este ID para o AS para verificar o estado da BS.

5.5 Ataque de homem no meio e ataque de negação de serviço Prevenção

Estes dois ataques são omitidos neste cenário. Podemos analisar a forma como estes ataques podem ter lugar para o assinante. Quando um atacante obtém os dados iniciais que um assinante envia para a BS pela primeira vez, o atacante pode obter uma cópia dos mesmos e tentar enviar os mesmos dados para a BS repetidamente. A BS considera então o SS original como falso e recusa o serviço. Mas, neste cenário proposto, o atacante não pode enviar dados para a BS, uma vez que é utilizado um carimbo de data/hora. Devido à utilização do carimbo de tempo, o BS não permitirá mais dados não encriptados desse SS. Como a BS conhece a chave pública da SS, as transmissões posteriores que a BS aceitará dessa SS devem ser encriptadas. E não é uma tarefa fácil para o atacante ultrapassar o carimbo de data/hora. Assim, não existe um ataque do tipo "man in middle", o que elimina facilmente a possibilidade de um ataque de negação de serviço. Uma vez que, neste caso, o ataque de negação de serviço é a última parte do ataque do homem do meio.

5.6 Resultado da simulação

O algoritmo proposto é demonstrado num processo de simulação apenas para representar a sua precisão, perfeição e modo de funcionamento. O resultado obtido do processo de simulação confirmou que o algoritmo funciona de acordo com o seu tema e processo. O ambiente de teste da simulação e o seu modo de funcionamento são apresentados de seguida.

5.6.1 Ambiente de teste

O ambiente de teste expressa a manipulação do resultado. Foi considerada uma implementação simples de uma relação cliente-servidor TCP, em que o SS funciona como cliente e o BS e o AS funcionam como servidores, respetivamente. O algoritmo tem algumas condições prévias, como o facto de o BS e o AS serem previamente de confiança um para o outro e de o SS e o BS utilizarem criptografia de chave pública para a encriptação ou desencriptação da mensagem .

O processo de simulação utilizou os seguintes elementos no seu ambiente de teste.

* Plataforma Microsoft Windows Vista
* Potência de processamento da máquina 2.0GHZ
* A classe `Socket` na estrutura .NET
* Protocolo TCP/IP.
* Algumas capacidades de encriptação e desencriptação.
* Linguagem de programação C#.NET.

5.6.2 Processo global de comunicação

Passo 1: O BS está à espera de receber o pedido de alguém, tal como o SS. Aqui o BS está a correr na porta 8001 e o IP local é 192.168.1.73

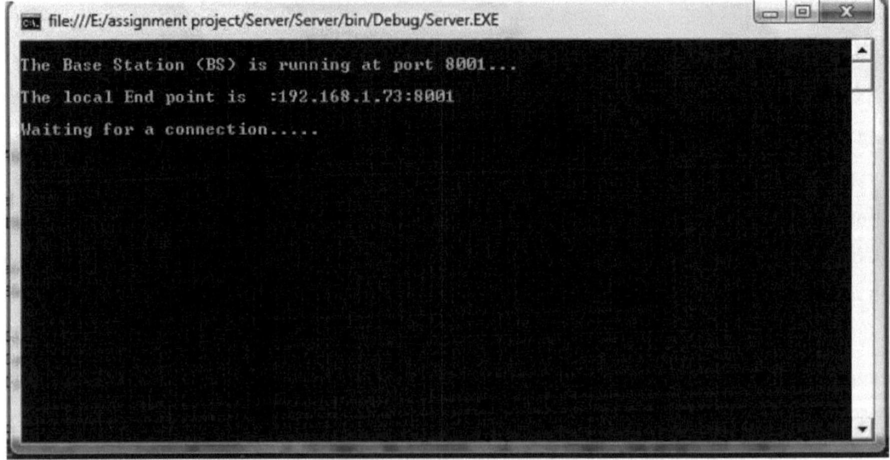

Figura 5.5: A estação de base (BS) está a aguardar a ligação.

Passo 2: A SS ligou-se à BS com a porta 8001 e o ponto final local é 192.168.1.73. A SS está a enviar o seu ID de assinante e todas as credenciais necessárias para a BS.

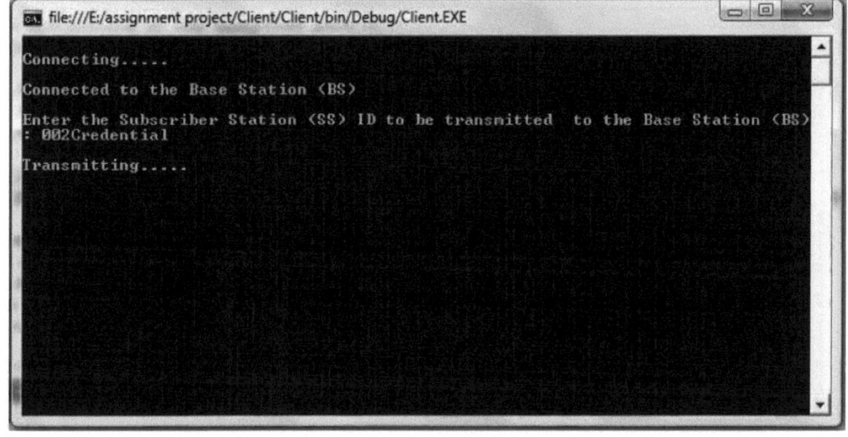

Figura 5.6: A SS está a enviar informações para a BS.

Passo 3: A BS recebeu com sucesso as credenciais da SS. A BS encriptou o seu ID utilizando a encriptação DES e envia-o para a SS.

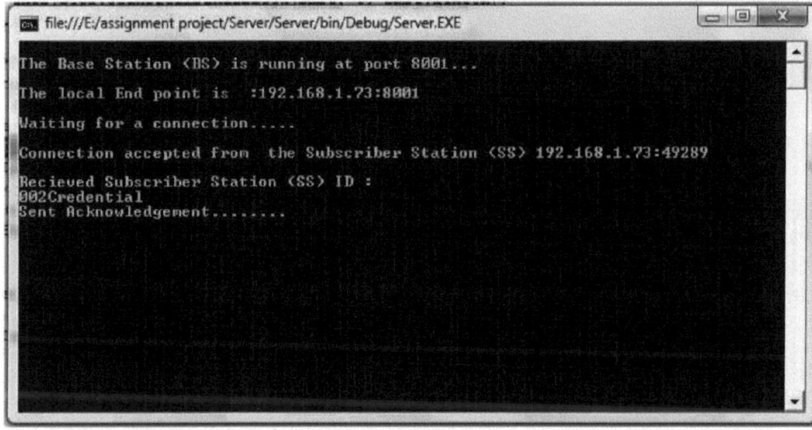

Figura 5.7: A BS está a enviar informações para a SS.

Passo 4: A SS recebeu informações encriptadas da BS. A SS está a desencriptar as informações da BS utilizando a desencriptação DES e encontrou o ID da BS.

```
file:///E:/assignment project/Client/Client/bin/Debug/Client.EXE
Connecting.....
Connected to the Base Station (BS)
Enter the Subscriber Station (SS) ID to be transmitted  to the Base Station (BS)
: 002
Transmitting.....
QQPT+yLuFaQ=
Received Message Successfully.....
Oops! The Base Station (BS) ID is Encrypted .....
Decrypting .....
Base Station (BS) ID is: 005
```

Figura 5.8: A SS recebeu a mensagem da BS e está a desencriptar a mensagem.

Passo 5: Para verificar a BS, a SS está a enviar o ID da BS para o Servidor de Autenticação (AS). O ponto final local do AS é 192.162.1.73 e a porta TCP 8002.

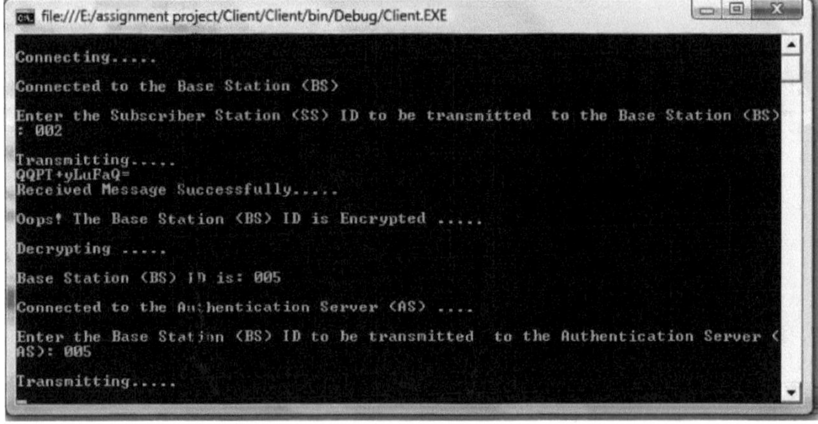

Figura 5.9: A SS transmitindo mensagem para o AS.

Passo 6: O AS recebe a mensagem da SS, verifica se a BS é rouge ou de confiança e envia um aviso de receção à SS.

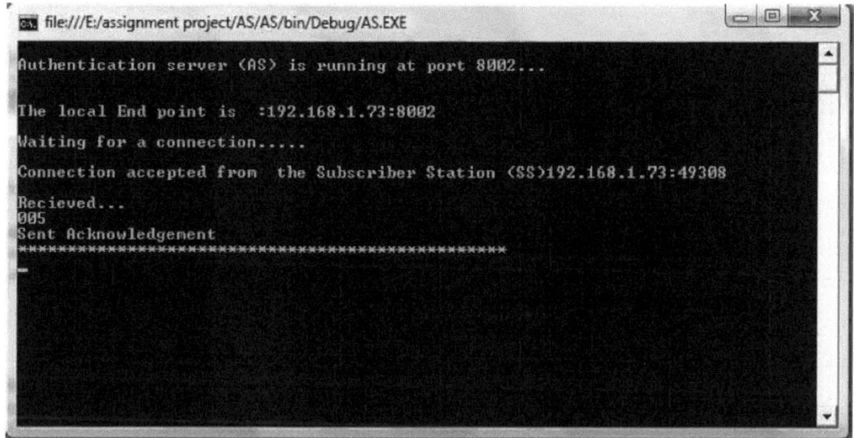

Figura 5.10: O AS verificou a BS e enviou a mensagem para o AS.

Etapa 7: Depois de receber o aviso de receção do AS, a SS obtém a confirmação de que a BS é de confiança ou não. Se a BS for de confiança, então a comunicação protegida será iniciada entre a SS e a BS, caso contrário toda a comunicação permanecerá parada nesta fase.

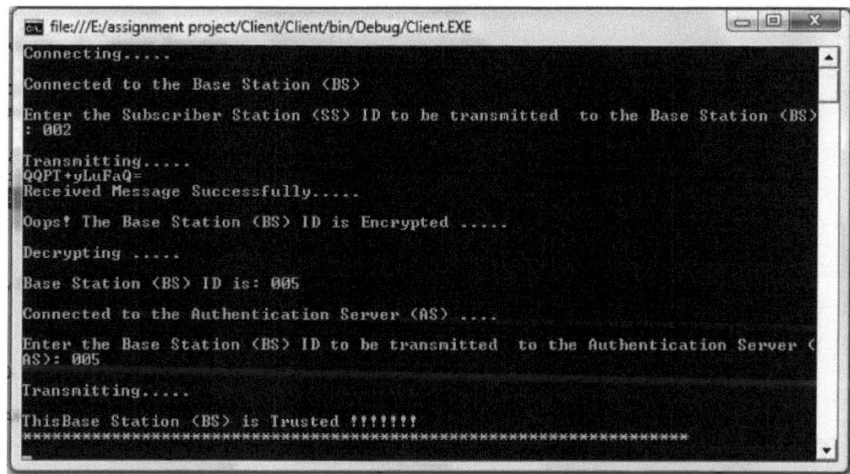

Figura 5.11: A SS verificou a BS.

Capítulo 6

Conclusão e trabalhos futuros

6.1 Conclusão

Esta investigação centrou-se na segurança da rede IEEE 802.16 Wimax. Foram analisados diferentes ataques contra a arquitetura de segurança da rede. A autenticação mútua é verificada apenas para aumentar a segurança do assinante e evitar estações de base falsas. O algoritmo proposto mostrou como estabelecer a autenticação mútua. Os principais elementos de segurança e as suas funções são explicados apenas para apresentar a arquitetura de segurança aos investigadores. As falhas de segurança são detectadas apenas através de trabalhos em papel, mas os ataques não são tão fáceis no mundo real. Mesmo que as falhas de segurança existam, é necessário um atacante altamente especializado para as penetrar. Os investigadores e os fabricantes estão a trabalhar de forma responsável para tornar o sistema mais autêntico e robusto. Embora algumas vulnerabilidades já tenham sido detectadas e corrigidas, podem ocorrer novos ataques. Por este motivo, é essencial um estudo regular e uma observação atenta.

6.2 Trabalhos futuros

IEEE 802.16.e, também conhecida como Mobile Wimax, a mais recente norma para Wimax, que já apresenta melhorias consideráveis de segurança em relação à IEEE 802.16. Esta norma utiliza melhores métodos de cifragem e possui um protocolo adicional de gestão segura de chaves. É acrescentado um novo método de autenticação baseado no EAP (Extensible Authentication Protocol). Mas ainda há muitas questões de segurança por resolver. A autenticação e a autorização são fundamentais para todas as tecnologias sem fios, porque sem uma segurança forte a tecnologia não pode ser utilizada confortavelmente. O trabalho futuro centrar-se-á na autenticação e autorização do IEEE 802.16e, mantendo algumas questões em aberto.

a) Quais são os principais aspectos de autenticação e autorização no Mobile Wimax?

b) Quais são os principais problemas de segurança associados à autenticação e autorização para o Mobile Wimax?

c) Que soluções de segurança satisfazem as questões de segurança?

d) Que mais pode ser feito para melhorar a segurança?

Referências

[1]. www.wimax.com, WiMAX.com é o principal portal da comunidade WiMAX a nível mundial.

[2]. Roger B. Marks, "IEEE Standard 802.16 for Global Broadband Wireless Access", ITU Telecom World 2003, Sessão: "The future of wireless" Genebra, Suíça.

[3]. Mahmoud Nasreldin, Heba Aslan, Magdy El-Hennawy, Adel El-Hennawy. Segurança WiMax http://ieeexplore.ieee.org.focus.lib.kth.se/stamp/stamp.jsp?arnumber=4483104&isnumber=4482831 978-0-7695-3096-3/08 $25.00 © 2008 IEEE DOI10.1109/WAINA.2008.190

[4]. Kejie Lu e Yi Qian, Universidade de Porto Rico, Hsiao-Hwa Chen, Universidade Nacional Sun Yat-Sen. Um quadro de controlo de rede seguro e orientado para serviços para redes WiMax http://ieeexplore.ieee.org.focus.lib.kth.se/stamp/stamp.jsp?arnumber=4197725&isnumber=4197701

[5]. Michel Barbeau, Escola de Ciências Informáticas, Universidade de Carleton, Canadá. Análise da ameaça WiMax http://www.scs.carleton.ca/~barbeau/Publications/2005/iq2- barbeau.pdf

[6]. Hyung-Joon Kim, Departamento de Engenharia Eléctrica e de Computadores, Stevens Institute of Technology, Hoboken, Nova Jersey Segurança IEEE 802.16/WiMax http://www.ibluemojo.com/contents/IEEE%20802.16%20Security.pdf

[7]. Jamshed Hasan, Escola de Informática e Ciências da Informação, Universidade Edith Cowan, Austrália Questões de segurança do IEEE 802.16 (WiMax) http://scissec.scis.ecu.edu.au/conference proceedings/2006/aism/Hasan%20-%20Security%20Issues%20of%20IEEE%20802.16%20(WiMAX).pdf

[8]. Derrick D. Boom "Denial of Service Vulnerabilities in IEEE 802.16 Wireless Networks" IEEE C802.16e-04/406

[17] .http://www.teliasoneraic.com/tsicWeb/tsic/glossarylist/begin.do?activeGlossaryC hannel=B

[9]Loutfi Nuaymi, WiMAX Technology for Broadband Wireless Access, John Wiley & Son Ltd.

[10] IEEE 802.16-2004, *"IEEE Standard for Local and Metropolitan Area Networks Part 16: Air Interface for Fixed Broadband Wireless Access Systems",* 1 de outubro de 2004.

[11] Mohammad Azizul Hasan, Performance evaluation of WiMAX/802.16 OFDM Physical layer, Universidade de Tecnologia de Helsínquia.

[12] Frank Ohrtman, WiMAX Handbook, building 802.16 WiMAX networks, McGraw-Hill 2005.

[13] Roger B Marks, *"IEEE Standard 802.16 for Global Broadband Wireless Access,""* http://ieee802.org/16/docs/03/C8021603 14.pdf'

[14] IEEE Std 802.16-2001, *"IEEE Std. 802.16-2001 IEEE Standard for Local and Metropolitan area networks Part 16: Air Interface for Fixed Broadband Wireless Access Systems"*, dezembro de 2001

[15] IEEE 802.16-2004, *"IEEE Standard for Local and Metropolitan Area Networks Part 16: Air Interface for Fixed Broadband Wireless Access Systems"*, 1 de outubro de 2004

[16] IEEE Std 802.16a2003 (Alteração ao IEEE Std 802.162001), *"IEEE Standard for Local and metropolitan area networks Part 16: Air Interface for Fixed Broadband Wireless Access Systems Amendment 2: Medium Access Control Modifications and Additional Physical Layer Specifications for 211 GHZ"*, janeiro de 2003

[18] John Bellardo e Stefan Savage, 802.11 Denial of Service Attacks - Vulnerabilidades reais e soluções práticas.

[19] Derrick D. Boom, "Denial of Service Vulnerabilities In IEEE 802.16 Wireless Networks", Tese de Mestrado na Naval Postgraduate School Monterey, Califórnia, EUA, 2004.

[20] M. Zubair Shafiq e Muddassar Farooq, Faculdade de Engenharia Eléctrica e Mecânica, Universidade Nacional de Ciências e Tecnologia, Rawalpindi, Paquistão.

[21] http://www.wildpackets.com/

[22] Panu Hamalainen, Marko Hannikainen, Configurable Hardware Implementation Of Triple DES Encryption Algorithm For Wireless Local Area Network, Universidade de Tecnologia de Tampere, Finlândia.

[23] Donald L. Evans, Philip J. Bond, Arden L. Bernent, Fips Pub 198, The Keyed-Hash Message Authentication Code (HMAC), National Institute of Standard and Technology.

[24] Hoyt L. Kesterson II, Digital Signature-Whom do you trust? Bull HN World wide Information Systems Inc, Phoenix, Arizona 85029.

[25] Sharon Boeyen, Livro Branco, S.509 Certification Path Validation.

[26] Laurent Butti, Wimax: Análise de Segurança e Retorno de Experiência, Perito Sénior em Segurança de Redes, Divisão de I&D da Orange, France Telecom.

[27] Sen Xu, Manton Matthews, Chin-Tser Huang, Security Issues in Privacy and Key Management Protocols, Departamento de Informática e Engenharia, Universidade da Carolina do Sul.

[28] VMD Jagannath, Segurança sem fios - 802.16, Relatório do trabalho final; CS 625.

[29] David Johnston e Jesse Walker, Overview of IEEE 802.16 Security. Sociedade de Computação IEEE.

Apêndice 1:

O código de programação da BS (Estação de Base).

```
using System;
using System.Text;
using System.Net;
using System.Net.Sockets;
using System.Security.Cryptography;
using System.Collections.Generic;
using System.ComponentModel;
using System.Data;
using System.Linq;
using System.IO;
namespace Base_Station
{
    class Program
    {
        public static void Main()
        {


            try
            {


                IPAddress iIPAddress =
IPAddress.Parse("192.168.1.73"); //use the same in the client

                /* Initializes the Listener */
                TcpListener iTcpListener = new
TcpListener(iIPAddress, 8001);

                /* Start Listeneting at the specified port */
              iTcpListener.Start();

                Console.WriteLine("\nThe Base Station (BS) is running
at port 8001...");
                Console.WriteLine("\nThe local End point is  :" +
iTcpListener.LocalEndpoint);
                Console.WriteLine("\nWaiting for a connection.....");

                Socket iSocket = iTcpListener.AcceptSocket();
                Console.WriteLine("\nConnection accepted from  the
Subscriber Station (SS) " + iSocket.RemoteEndPoint);

                byte[] vbyte = new byte[100];
                int k = iSocket.Receive(vbyte);
                Console.WriteLine("\nRecieved Subscriber Station (SS)
ID : ");
                for (int i = 0; i < k; i++)
                    Console.Write(Convert.ToChar(vbyte[i]));

                /********************Message
Encryption******************************/
                string smsg = "005";

                string venc;

                DESCryptoServiceProvider iDESCryptoServiceProvider =
new DESCryptoServiceProvider();
```

```
                System.Text.Encoding iEncoding = new
System.Text.UTF8Encoding();

                byte[] vkey = iEncoding.GetBytes("12345678");

                byte[] viv = { 1, 2, 3, 4, 5, 6, 7, 8 };

                ICryptoTransform iICryptoTransform =
iDESCryptoServiceProvider.CreateEncryptor(vkey, viv);
                byte[] vmsg = iEncoding.GetBytes(smsg);
                byte[] benc =
iICryptoTransform.TransformFinalBlock(vmsg, 0, vmsg.Length);
                venc = System.Convert.ToBase64String(benc);

                /*********************Message
Encryption******************************/
                string vBSIDEncry = venc;
                ASCIIEncoding asen = new ASCIIEncoding();
                iSocket.Send(asen.GetBytes(vBSIDEncry));
                Console.WriteLine("\nSent Acknowledgement........");

Console.WriteLine("\n***********************************************
******************************");
                /* clean up */
                iSocket.Close();
                iTcpListener.Stop();

            }
            catch (Exception e)
            {
                Console.WriteLine("Error..... " + e.StackTrace);
            }
        }



    }
}
```

Apêndice 2:

A programação SS (Subscriber Station) Code.

```
using System;
using System.Text;
using System.Net;
using System.Net.Sockets;
using System.Security.Cryptography;
using System.Collections.Generic;
using System.ComponentModel;
using System.Data;
using System.Linq;
using System.IO;
namespace Subscriber_Station
    {
    class Program
    {
        public static void Main()
        {

            try
            {
                TcpClient iTcpClient = new TcpClient();
                Console.WriteLine("\nConnecting.....");

                iTcpClient.Connect("192.168.1.73", 8001);  //
Connected to the BS
                Console.WriteLine("\nConnected to the Base Station
(BS)");
                Console.Write("\nEnter the Subscriber Station (SS) ID
to be transmitted  to the Base Station (BS): ");

                String iString = Console.ReadLine();
                Stream iStream = iTcpClient.GetStream();

                ASCIIEncoding iASCIIEncoding = new ASCIIEncoding();
                byte[] vbyte = iASCIIEncoding.GetBytes(iString);
                Console.WriteLine("\nTransmitting.....");

                iStream.Write(vbyte, 0, vbyte.Length);

                byte[] bb = new byte[100];
                int k = iStream.Read(bb, 0, 100);

                for (int i = 0; i < k; i++)
                    Console.Write(Convert.ToChar(bb[i]));
                Console.WriteLine("\nReceived Message
Successfully.....");

                iTcpClient.Close();

                Console.WriteLine("\nOops! The Base Station (BS) ID
is Encrypted .....");
                Console.WriteLine("\nDecrypting .....");
                string str;
                System.Text.ASCIIEncoding enc = new
System.Text.ASCIIEncoding();
```

```
                str = enc.GetString(bb);
                string trimmed = str.Trim('\0');


                /********************Message
Decryption************************/
                string  sdec;

                DESCryptoServiceProvider iDESCryptoServiceProvider =
new DESCryptoServiceProvider();

                Encoding iEncoding = new System.Text.UTF8Encoding();

                byte[] bkey = iEncoding.GetBytes("12345678");

                byte[] biv = { 1, 2, 3, 4, 5, 6, 7, 8 };
                ICryptoTransform iICryptoTransform =
iDESCryptoServiceProvider.CreateDecryptor(bkey, biv);

                byte[] ibyte =
System.Convert.FromBase64String(trimmed);

                byte[] idec =
iICryptoTransform.TransformFinalBlock(ibyte, 0, ibyte.Length);

                sdec = iEncoding.GetString(idec);

                /********************Message
Decryption************************/
                string vBSIDDe = sdec;
                Console.WriteLine("\nBase Station (BS) ID is: " +
vBSIDDe);
                TcpClient Atcpclnt = new TcpClient();

////////////////////////////////////////////////////////////////////
/////
                Atcpclnt.Connect("192.168.1.73", 8002); // Connected
to the AS

                Console.WriteLine("\nConnected to the Authentication
Server (AS) ....");
                Console.Write("\nEnter the Base Station (BS) ID to be
transmitted  to the Authentication Server (AS): ");

                 iString = Console.ReadLine();
                 iStream = Atcpclnt.GetStream();


                 vbyte = iASCIIEncoding.GetBytes(iString);
                Console.WriteLine("\nTransmitting.....");

                iStream.Write(vbyte, 0, vbyte.Length);

                bb = new byte[100];
                k = iStream.Read(bb, 0, 100);

                for (int i = 0; i < k; i++)
                    Console.Write(Convert.ToChar(bb[i]));

Console.WriteLine("\n**************************************************
*******************");
```

```
                Atcpclnt.Close();


////////////////////////////////////////////////////////////////////////
////

            }

            catch (Exception e)
            {
                Console.WriteLine("Error..... " + e.StackTrace);
            }
        }


    }
}
```

Apêndice 3:

O código de programação do AS (Authentication Server).

```
using System;
using System.Text;
using System.Net;
using System.Net.Sockets;

namespace Authentication_Server
{
    class Program
    {
        static void Main(string[] args)
        {
            try
            {
                IPAddress iIPAddress =
IPAddress.Parse("192.168.1.73"); //use the same in the client (Local
machine IP Address)

                TcpListener iTcpListener = new
TcpListener(iIPAddress, 8002);

                iTcpListener.Start();

                Console.WriteLine("\nAuthentication server (AS) is
running at port 8002...\n");
                Console.WriteLine("\nThe local End point is  :" +
iTcpListener.LocalEndpoint);
                Console.WriteLine("\nWaiting for a connection.....");

                Socket iSocket = iTcpListener.AcceptSocket();
                Console.WriteLine("\nConnection accepted from  the
Subscriber Station (SS)" + iSocket.RemoteEndPoint);

                byte[] vbyte = new byte[100];
                int j = iSocket.Receive(vbyte);
                Console.WriteLine("\nRecieved...");
                for (int i = 0; i < j; i++)
                    Console.Write(Convert.ToChar(vbyte[i]));
                string str;
                System.Text.ASCIIEncoding enc = new
System.Text.ASCIIEncoding();
                str = enc.GetString(vbyte);
                string str1 = "005";
                int result = str1.CompareTo(str);
                ASCIIEncoding iASCIIEncoding = new ASCIIEncoding();
                if (result == 0)
                {

                    iSocket.Send(iASCIIEncoding.GetBytes("\nThisBase
Station (BS) is Trusted !!!!!!!"));
                    Console.WriteLine("\nSent Acknowledgement");

Console.WriteLine("*************************************************"
);
```

```
                }
                if (result != 0)
                {
                    iSocket.Send(iASCIIEncoding.GetBytes("\nThis BS
is Rouge !!!!"));
                    Console.WriteLine("\nSent Acknowledgement");

Console.WriteLine("*************************************************");

                }

                /* clean up */
                iSocket.Close();
                iTcpListener.Stop();

            }
            catch (Exception e)
            {
                Console.WriteLine("\nError..... " + e.StackTrace);
            }
        }
    }
}
```

Printed by Books on Demand GmbH, Norderstedt / Germany